棋牌项目活动组织策划

《"四特"教育系列丛书》编委会　编著

吉林出版集团股份有限公司
全国百佳图书出版单位

图书在版编目 (CIP) 数据

棋牌项目活动组织策划 / 《"四特"教育系列丛书》编委会编著 . —长春：吉林出版集团股份有限公司，2012.4

（"四特"教育系列丛书 / 庄文中等主编 . 学校文化建设与文娱活动策划组织）

ISBN 978-7-5463-8612-6

I . ①棋… Ⅱ . ①四… Ⅲ . ①棋类运动－青年读物②棋类运动－少年读物③扑克－青年读物④扑克－少年读物 Ⅳ . ① G89-49

中国版本图书馆 CIP 数据核字（2012）第 042004 号

棋牌项目活动组织策划
QIPAI XIANGMU HUODONG ZUZHI CEHUA

出 版 人	吴 强	
责任编辑	朱子玉　杨　帆	
开　　本	690mm×960mm　1/16	
字　　数	250 千字	
印　　张	13	
版　　次	2012 年 4 月第 1 版	
印　　次	2023 年 2 月第 3 次印刷	

出　　版	吉林出版集团股份有限公司
发　　行	吉林音像出版社有限责任公司
地　　址	长春市南关区福祉大路 5788 号
电　　话	0431-81629667
印　　刷	三河市燕春印务有限公司

ISBN 978-7-5463-8612-6　　　　定价：39.80 元

前　言

　　学校教育是个人一生中所受教育最重要的组成部分，个人在学校里接受计划性的指导，系统地学习文化知识、社会规范、道德准则和价值观念。学校教育从某种意义上讲，决定着个人社会化的水平和性质，是个体社会化的重要基地。知识经济时代要求社会尊师重教，学校教育越来越受重视，在社会中起到举足轻重的作用。

　　"四特教育系列丛书"以"特定对象、特别对待、特殊方法、特例分析"为宗旨，立足学校教育与管理，理论结合实践，集多位教育界专家、学者以及一线校长、老师们的教育成果与经验于一体，围绕困扰学校、领导、教师、学生的教育难题，集思广益，多方借鉴，力求全面彻底解决这些难题。

　　本辑为"四特教育系列丛书"之《学校文化建设与文娱活动策划组织》。

　　校园文化是学校本身形成和发展的物质文化和精神文化的总和。由于学校是教育人、培养人的社区，因而校园文化一般取其精神文化之含义，即学校共同成员在学校发展过程中，逐步形成的包括学校最高目标、价值观、校风、传统习惯、行为规范和规章制度在内的精神总和。

　　良好的校园文化环境是学生积极参与和悉心建设的结晶，也是实现素质教育、造就优秀人才的一个不可或缺的重要条件。因此，加强学校文化阵地的建设与组织活动策划是一项非常系统性的工程。学校文化阵地建设是学校文化的重要窗口，学校文化组织的策划则是学校实施素质教育和精神文明建设的重要组成部分，这两样都是学生成长成才的内在需要，更是推进学校教育工作的重要载体。

　　文化娱乐活动是文化体育娱乐活动的简称，其娱乐性、趣味性、知识性和多元化结合的特点是广大读者在学习之外追求的一种健康生活的情趣。

　　学校的文化娱乐活动项目包括音乐、美术、舞蹈、文学、语言、曲艺、戏剧、表演、游艺等多方面内容，广大青少年学生在课余时间通过参加多种形式的文化娱乐活动，能够达到开阔视野、陶冶情操、增长才智、提高能力、沟通人际、适应社会以及改善知识结构、掌握实用技能等效果。在这些文化娱乐活动中，他们通过接受不同形式，不同内容的有益教育，能够受到潜移默化的影响，从而达到提高思想、文化和身体的综合素质，这对造就和培养有理想、有道德、有纪律、有文化、适应时代腾飞的新一代人才有着十分重要的作用。

　　为了适应青少年发展的需要，营造良好的校园文化环境，为校园文化娱乐活动的组织策划提供良好的指导，我们特地编辑了这套从学校的实际情况出发，以育人为根本目标，坚持先进文化的方向，从音乐、绘画、表演、游艺等方面重点对学生的基础知识和操作能力进行训练的丛书，努力使他们在娱乐中学到知识，在欢笑中陶冶情趣，并通过系统的训练和比赛，使他们的智力得到开发、知识结构得到改善，最终达到新课标要求的培养高素质的合格人材的目标。

　　本辑共20分册，具体内容如下。

　　1.《学校文化建设与管理创新》

　　校园文化重在建设，它包括物质文化建设、精神文化建设和制度文化建设，这三个方面建设的全面、协调的发展，将为学校树立起完整的文化形象。加强学校文化阵地的建设与组织活动策划是一项非常系统性的工程。本书对学校文化建设的组织管理与创新策划进行了系统而深入的阐述，体例科学，内容全面，具有很强的系统性、实用性、实践性和指导性。

2.《把图书馆打造成传播知识的圣地》

加强学校图书馆建设，对激发学生学习的积极性以及提高学生的整体素质有着重要的作用与意义。本书对学校图书馆的建设与管理进行了系统而深入的阐述，体例科学，内容全面，具有很强的系统性、实用性、实践性和指导性。

3.《环境与安全文化建设》

校园安全文化是校园文化的重要组成部分，学校安全文化建设水平的高低已成为学校核心竞争力的基本内容之一。所谓校园安全文化是指将学校安全理念和安全价值观表现在决策和管理者的态度和行为中，落实在学校的管理制度中，将安全管理融入学校整个管理的实践中，将安全法规、制度落实在决策者、管理者和师生的行为方式中，将安全标准落实在教育教学过程中，由此构成一个良好的安全建设氛围，通过安全文化建设，影响学校各级管理人员和师生的安全自觉性，以文化的力量保障学校财产安全和师生人身安全。学校安全文化有四个层次，即安全观念文化、安全行为文化、安全制度文化和安全物质文化。它们相互作用，相互促进。

4.《把学校建设成传播文化的阵地》

学校作为中国特色社会主义文化阵地重要组成部分，在中华文化面临挑战和发展的机遇之际，应该承担时代赋予的使命，通过教育创新、传承文明、创造先进文化、培养和谐发展的高素质创新人才来促进社会的发展，实现中华民族的伟大复兴。本书对学校文化阵地的建设与管理进行了系统而深入的阐述，体例科学，内容全面，具有很强的系统性、实用性、实践性和指导性。

5.《知识类活动组织策划》

文化知识类活动课是一门全新的课程，就其根本意义来说是为了提高学生的素质，而要做到这一点，必须加强对文化知识类活动课的科学管理。尽管各科活动课教学目标是有弹性的、较为宽泛的，但总的教育目标应十分明确，那就是有利于学生主体精神的体现，有利于学生分析问题和解决问题能力的培养，有利于学生认识自我体验成功，有利于学生个性的发展，管理工作不能偏离这一目标。本书对学校知识类活动的组织策划进行了系统而深入的阐述，体例科学，内容全面，具有很强的系统性、实用性、实践性和指导性。

6.《科普活动组织策划》

科技教育是拓展学生知识面的重要平台，是培养学生自主创新的首要手段，在学生成长过程中已显现出越来越大的、不可替代的作用，而学校重视科技教育，则可以让学校重视学生全面发展的教师和学生在校园里都能有自己的发展空间。如果能够切实从以上各个环节落实科学实践活动，就可以在全校掀起一股学科学、做科学、用科学的热潮，使学生科学素养得到普遍提高，这在落实了普及科学的目标的同时，也提升了学校科学教育的质量。本书对学校科普活动的组织策划进行了系统而深入的阐述，体例科学，内容全面，具有很强的系统性、实用性、实践性和指导性。

7.《收藏活动组织策划》

中国文化艺术既有着几十年源远流长的历史，也凝聚着文艺收藏的风云沧桑。社会文明的整体进步，在促进文艺创作繁荣的同时，也推动文艺收藏的蓬勃发展。收藏可以陶冶情操、修身养性，它要求收藏者具备理性的经济头脑的同时，还要有很好的艺术的修养。收藏者在收藏的过程中，潜移默化地将自己培养成理性和感性结合得相当和谐的现代人。本书对学校收藏活动的组织策划进行了系统而深入的阐述，体例科学，内容全面，具有很强的系统性、实用性、实践性和指导性。

8.《联欢庆祝活动组织策划》

联欢活动是指单位内部或单位之间组织的联谊性质的文娱活动。通常是为了共同庆贺某一重大事件，或者在某一节日、某一重大活动完毕之后举行。联欢活动一般以聚会的形式进行，所以又称联欢晚会。本书对学校联欢活动的组织策划进行了系统而深入的阐述，体例科学，内容全面，具有很强的系统性、实用性、实践性和指导性。

9.《行为文化活动组织策划》

行为文化是指人们在生活、工作之中所贡献的、有价值的、促进文明、文化以及人类社会发展的经验及创造性活动。本书对学校行为文化活动的组织策划进行了系统而深入的阐述，体例科学，内容全面，具有很强的系统性、实用性、实践性和指导性。

10.《文娱演出活动组织策划》

演出是指演出单位或个人在特定的时间、特定的环境下所举办的文艺表演活动。由于演出经过长期的发展与各地存在一定的差异，目前主要包括电影展演、音乐剧、实景演出、演唱会、音乐会、话剧、歌舞剧、戏曲、综艺、魔术、马戏、舞蹈、民间戏剧、民俗文化等种类。本书对学校娱乐体育活动的组织策划进行了系统而深入的阐述，体例科学，内容全面，具有很强的系统性、实用性、实践性和指导性。

11.《音乐项目活动组织策划》

音乐是一种抒发情感、寄托感情的艺术，它以生动活泼的感性形式，表现高尚的审美理想、审美观念和审美情趣。音乐在给人以美的享受的同时，能提高人的审美能力，净化人们的灵魂，陶冶情操，提高审美情趣，树立崇高理想。本书对学校音乐项目活动的组织策划进行了系统而深入的阐述，体例科学，内容全面，具有很强的系统性、实用性、实践性和指导性。

12.《美术项目活动组织策划》

美术作为美育的主要手段和途径，它的主要任务不仅仅是传授美术知识和对学生进行美术技能训练，而是通过学生内心达到审美状态，良好心理得到培养和发展，不良心理受到疗治和矫正，使各种心理功能趋于和谐，各种潜能协调发展，最后达到提高人的生存价值，体验与实现美好人生的目的。本书对学校美术项目活动的组织策划进行了系统而深入的阐述，体例科学，内容全面，具有很强的系统性、实用性、实践性和指导性。

13.《舞蹈项目活动组织策划》

舞蹈能够促进少年儿童的生长发育，改善少年儿童的形体，带来艺术气质和形体美，有利于提高少年儿童的生理机能，提高少年儿童的身体素质，促进少年儿童的心理健康发展，还能够培养少年儿童的人格魅力。本书对学校舞蹈项目活动的组织策划进行了系统而深入的阐述，体例科学，内容全面，具有很强的系统性、实用性、实践性和指导性。

14.《器乐项目活动组织策划》

贝多芬曾说："音乐能使人类的精神爆发出火花。音乐是比一切智慧、一切哲学更高的启示。"作为素质教育的民乐教学，更突出将学生的全面发展放在首要的地位，使之形成具有显著办校特色的办学指导思想，为学校的全面发展作出贡献，取得满意的效果。本书对学校器乐项目活动的组织策划进行了系统而深入的阐述，体例科学，内容全面，具有很强的系统性、实用性、实践性和指导性。

15.《语言项目活动组织策划》

加强学校文化阵地的建设与组织活动策划是一项非常系统性的工程。学校文化阵地建设是学校文化的重要窗口，学校文化组织的策划则是学校实施素质教育和精神文明建设的重要组成部分。本书对学校语言项目活动的组织策划进行了系统而深入的阐述，体例科学，内容全面，具有很强的系统性、实用性、实践性和指导性。

16.《曲艺项目活动组织策划》

曲艺是中华民族各种"说唱艺术"的统称，它是由民间口头文学和歌唱艺术经过长期发展演变形成的一种独特的艺术形式。曲艺演员必须具备坚实的说功、唱功、做功和高超的模仿力，演员只有具备了这些技巧，才能将人物形象刻划得惟妙惟肖，使事件的叙述引人入胜，从而博得听众的欣赏。本书对学校曲艺项目活动的组织策划进行了系统而深入的阐述，体例科学，内容全面，具有很强的系统性、实用性、实践性和指导性。

17.《戏剧项目活动组织策划》

戏剧的表演形式多种多样，常见的包括话剧、歌剧、舞剧、音乐剧、木偶戏等，是由演员扮演角色在舞台上当众表演故事情节的一种综合艺术。戏剧情节、歌唱和舞蹈这三者的复杂结合，使中国戏曲具有独特的风格和一系列艺术上的特点。本书对学校戏剧项目活动的组织策划进行了系统而深入的阐述，体例科学，内容全面，具有很强的系统性、实用性、实践性和指导性。

18.《表演项目活动组织策划》

表演指演奏乐曲、上演剧本、朗诵诗词等直接或者借助技术设备以声音、表情、动作公开再现作品。加强学校文化阵地的建设与组织活动策划是一项非常系统性的工程。本书对学校表演项目活动的组织策划进行了系统而深入的阐述，体例科学，内容全面，具有很强的系统性、实用性、实践性和指导性。

19.《棋牌项目活动组织策划》

棋牌是对棋类和牌类娱乐项目的总称，包括中国象棋、围棋、国际象棋、蒙古象棋、五子棋、跳棋、国际跳棋（已列入首届世界智力运动会项目）、军棋、桥牌、扑克、麻将等诸多传统或新兴娱乐项目。棋牌是十分有趣味的娱乐活动，但不可过度沉迷于其中。本书对学校棋牌项目活动的组织策划进行了系统而深入的阐述，体例科学，内容全面，具有很强的系统性、实用性、实践性和指导性。

20.《游艺项目活动组织策划》

游艺是一种闲暇适意的生活调剂。其中既有节令性游乐活动，也有充满竞技色彩的对抗性活动，更多的则是不受时间、地点、条件制约的随意方便的自娱自乐活动。其中有的继承性极强，规则较严格，有的则是无拘无束的即兴自娱，有的干脆是一种与生产紧密结合的小型采集和捕捉活动。这些丰富多彩的民间游艺活动使得广大劳动人民特别是青少年无论在精神生活、智力开发还是身体素质诸方面得到有益的充实和锻炼，也成为最普及的农村文化活动形式。本书对学校游艺项目活动的组织策划进行了系统而深入的阐述，体例科学，内容全面，具有很强的系统性、实用性、实践性和指导性。

由于时间、经验的关系，本书在编写等方面，必定存在不足和疏漏之处，衷心希望各界读者、一线教师及教育界人士批评指正。

编者

目　录

第一章　棋牌基本常识…………………………………（1）

　第一节　棋牌游戏概述 …………………………………（2）

　　1. 棋牌游戏简介 …………………………………………（2）

　　2. 棋牌游戏的特点 ………………………………………（3）

　　3. 棋牌游戏的文化特点 …………………………………（4）

　　4. 棋牌的特殊功效 ………………………………………（7）

　　5. 棋牌与青少年智力开发 ………………………………（9）

　　6. 棋牌游戏的禁忌 ………………………………………（10）

　第二节　棋牌游戏发展 …………………………………（12）

　　1. 我国棋牌游戏发展 ……………………………………（12）

　　2. 国外棋牌游戏发展 ……………………………………（12）

　　3. 正在兴起的棋牌学 ……………………………………（14）

　　4. 棋牌学的内容及教学方法 ……………………………（15）

　　5. 棋牌学与科学的关系 …………………………………（17）

第二章　棋类学习训练…………………………………（19）

　第一节　围棋 ……………………………………………（20）

　　1. 围棋概述 ………………………………………………（20）

　　2. 围棋的棋盘和棋子 ……………………………………（20）

3. 围棋规则概述 …………………………………（21）

4. 围棋棋子"气"和"提"的规则 …………（22）

5. 围棋禁入点规则 …………………………………（22）

6. 围棋打劫规则 …………………………………（22）

7. 围棋活棋和死棋规则 …………………………（23）

8. 围棋双活规则 …………………………………（23）

9. 围棋终局规则 …………………………………（23）

10. 围棋胜负规则 …………………………………（23）

11. 围棋对局中的分先与让先规则 ……………（24）

12. 围棋术语 …………………………………（25）

13. 围棋布局 …………………………………（28）

14. 围棋布局角上下子的位置 …………………（28）

15. 围棋平行型布局 …………………………………（29）

16. 围棋对角型布局 …………………………………（29）

17. 围棋秀策流布局 …………………………………（30）

18. 围棋中国流布局 …………………………………（30）

19. 围棋互挂型布局 …………………………………（30）

20. 围棋布局定式的活用 …………………………（30）

21. 围棋布局大场的选择 …………………………（31）

22. 围棋定式概述 …………………………………（31）

23. 围棋中盘战术概述 ……………………………（32）

24. 围棋的向背 …………………………………（33）

25. 围棋的根据 …………………………………（34）

26. 围棋收官与终盘概述 …………………………（34）

27. 先手与后手 …………………………………（34）

28. 双方棋形的弱点 ………………………………（35）

29. 边、角上的官了 ………………………………（35）

30. 收气的官子 ·················· （35）

31. 侵分性官子 ·················· （35）

32. 套官子 ······················ （36）

33. 对应官子 ···················· （36）

34. 逆收官子 ···················· （36）

35. 官子的技巧 ·················· （36）

36. 官子的计算方法 ·············· （36）

第二节　象棋 ···················· （37）

1. 象棋概述 ···················· （37）

2. 象棋的棋子 ·················· （47）

3. 象棋的棋盘 ·················· （47）

4. 象棋常用术语 ················ （47）

5. 象棋的胜、负、和 ············ （51）

6. 象棋棋步记录 ················ （52）

7. 象棋理论的形成 ·············· （53）

8. 象棋的规则 ·················· （55）

9. 象棋的基本战术 ·············· （55）

10. 象棋车的走法 ··············· （57）

11. 象棋炮的走法 ··············· （57）

12. 象棋马的走法 ··············· （57）

13. 象棋将帅的走法 ············· （58）

14. 象棋士的走法 ··············· （58）

15. 象棋象（相）的走法 ········· （58）

16. 象棋卒（兵）的走法 ········· （58）

17. 象棋的布局 ················· （59）

18. 象棋布局的要求 ············· （59）

第三节　国际象棋 ················ （60）

1. 国际象棋的棋盘 ……………………………（60）

2. 国际象棋的棋子 ……………………………（60）

3. 国际象棋的走法 ……………………………（61）

4. 国际象棋的王车易位 ………………………（62）

5. 国际象棋的胜负 ……………………………（63）

6. 国际象棋的和棋 ……………………………（64）

7. 国际象棋棋子实力评定 ……………………（65）

8. 国际象棋的车 ………………………………（66）

9. 国际象棋的马 ………………………………（66）

10. 国际象棋的象 ……………………………（67）

11. 国际象棋的后 ……………………………（67）

12. 国际象棋的兵 ……………………………（67）

13. 国际象棋的王 ……………………………（68）

14. 国际象棋要注重物质力量的对比 ………（68）

15. 国际象棋强弱部位的对比 ………………（68）

16. 国际象棋兵种的配合 ……………………（69）

17. 国际象棋王的安全 ………………………（69）

第四节　五子棋 ………………………………（70）

1. 五子棋概述 …………………………………（70）

2. 五子棋的下法 ………………………………（70）

3. 五子棋的先手 ………………………………（70）

4. 五子棋的取胜与和棋 ………………………（71）

5. 对黑棋的限制 ………………………………（71）

6. 五子棋连续追击的方法 ……………………（71）

7. 五子棋同时有两个胜点的方法 ……………（72）

8. 五子棋的防守 ………………………………（72）

第五节　战斗棋 ………………………………（73）

1. 海陆空三军战斗棋概述 ……………… （73）

2. 海陆空三军战斗棋棋盘的说明 …… （73）

3. 海陆空三军战斗棋陆军的棋子 …… （74）

4. 海陆空三军战斗棋海军的棋子 …… （75）

5. 海陆空三军战斗棋空军的棋子 …… （76）

6. 海陆空三军战斗棋赛布暗战法 …… （76）

7. 海陆空三军战斗棋密布明战法 …… （77）

8. 海陆空三军战斗棋的胜负 ………… （77）

第六节　军棋 ……………………………… （78）

1. 军棋概述 …………………………… （78）

2. 军棋的棋子 ………………………… （78）

3. 军棋棋子的棋力 …………………… （78）

4. 军棋的技巧 ………………………… （79）

5. 军棋的战术 ………………………… （80）

6. 军棋的胜负 ………………………… （80）

第七节　跳棋 ……………………………… （82）

1. 跳棋概述 …………………………… （82）

2. 跳棋的棋盘 ………………………… （82）

3. 跳棋的规则 ………………………… （82）

4. 跳棋的玩法 ………………………… （83）

5. 跳棋的技巧 ………………………… （83）

6. 跳棋的胜负 ………………………… （84）

第八节　康乐棋 …………………………… （85）

1. 康乐棋概述 ………………………… （85）

2. 康乐棋台盘 ………………………… （85）

3. 康乐棋的棋子 ……………………… （85）

4. 康乐棋其它设备 …………………… （86）

5. 康乐棋排子的规则 …………………………（86）

6. 康乐棋排子的技巧 …………………………（87）

7. 康乐棋排子的战术 …………………………（87）

8. 康乐棋排子的胜负 …………………………（88）

9. 康乐棋团子的规则 …………………………（88）

10. 康乐棋团子的技巧 …………………………（89）

11. 康乐棋团子的战术 …………………………（89）

12. 康乐棋团子的胜负 …………………………（90）

13. 康乐棋滑子的规则 …………………………（90）

14. 康乐棋滑子的技巧 …………………………（90）

15. 康乐棋滑子的战术 …………………………（91）

16. 康乐棋滑子的胜负 …………………………（91）

第九节　斗智棋 …………………………………（92）

1. 斗智棋的棋子 ………………………………（92）

2. 斗智棋的规则 ………………………………（92）

3. 斗智棋的技巧 ………………………………（92）

4. 斗智棋的胜负 ………………………………（93）

第十节　斗兽棋 …………………………………（94）

1. 斗兽棋的棋子 ………………………………（94）

2. 斗兽棋棋子的棋力 …………………………（94）

3. 斗兽棋的陷阱 ………………………………（94）

4. 斗兽棋的小河 ………………………………（95）

5. 斗兽棋的规则 ………………………………（95）

6. 斗兽棋的胜负 ………………………………（95）

第十一节　十字跳棋 ……………………………（96）

1. 十字跳棋的下法 ……………………………（96）

2. 十字跳棋的技巧 ……………………………（96）

3. 十字跳棋的胜负 ………………………………………（96）

第三章　牌类学习训练 ………………………………（97）

第一节　桥牌 ……………………………………………（98）

1. 桥牌概述 ………………………………………………（98）

2. 洗牌与发牌 ……………………………………………（109）

3. 花色级别 ………………………………………………（110）

4. 牌的估算 ………………………………………………（110）

5. 自然叫牌法 ……………………………………………（115）

6. 防守策略 ………………………………………………（118）

7. 常用打牌战术 …………………………………………（124）

8. 牌型分布计算 …………………………………………（130）

第二节　扑克牌 …………………………………………（134）

1. 54张牌的称谓与含义 …………………………………（134）

2. 玩扑克的方式 …………………………………………（135）

3. 扑克牌常用的名词术语 ………………………………（135）

4. 扑克牌的玩法 …………………………………………（137）

5. 扑克的行牌技巧 ………………………………………（137）

6. 扑克的派牌窍门 ………………………………………（142）

7. 偷观牌底法 ……………………………………………（145）

8. 扑克的控牌手法 ………………………………………（146）

9. 上而下式洗牌法 ………………………………………（148）

10. 合二为一的控牌技法 …………………………………（152）

11. 过手洗控牌法 …………………………………………（154）

12. 扑克的实战技巧 ………………………………………（155）

第三节　麻将牌 …………………………………………（171）

1. 麻将牌具 …………………………… （171）

2. 麻将牌的定庄 …………………… （171）

3. 麻将的坐庄 ……………………… （172）

4. 麻将的定局 ……………………… （172）

5. 打麻将的一般道理 ……………… （172）

6. 打麻将的一般战术 ……………… （173）

7. 打麻将的规范牌风 ……………… （174）

第四节　多米诺骨牌 …………………… （175）

1. 多米诺骨牌概述 ………………… （175）

2. 多米诺骨牌的牌具 ……………… （175）

3. 多米诺骨牌接龙游戏法 ………… （175）

4. 多米诺骨牌排列游戏法 ………… （176）

第五节　打马 …………………………… （177）

1. 打马概述 ………………………… （177）

2. 打马的图谱 ……………………… （177）

3. 打马的牌谱 ……………………… （178）

4. 打马玩法概述 …………………… （178）

5. 打马的铺盆 ……………………… （178）

6. 打马的本采 ……………………… （178）

7. 打马的下马 ……………………… （179）

8. 打马的行马 ……………………… （180）

9. 打马的打马 ……………………… （181）

10. 打马的倒行 …………………… （181）

11. 打马的入夹 …………………… （181）

12. 打马的落堑 …………………… （182）

13. 打马的倒盆 …………………… （182）

14. 打马的犯事入供 ……………… （182）

15. 打马的赏掷 …………………………………… （183）

第六节　诗牌 ……………………………………… （184）

　1. 诗牌概述 ………………………………………… （184）

　2. 诗牌的牌具 ……………………………………… （184）

　3. 诗牌的玩法 ……………………………………… （184）

第七节　打天九 …………………………………… （186）

　1. 打天九概述 ……………………………………… （186）

　2. 打天九牌具 ……………………………………… （186）

　3. 打天九玩法 ……………………………………… （187）

第八节　宣和牌 …………………………………… （189）

　1. 宣和牌概述 ……………………………………… （189）

　2. 宣和牌牌具 ……………………………………… （189）

第九节　除红谱 …………………………………… （191）

　1. 除红谱概述 ……………………………………… （191）

　2. 除红谱的玩法 …………………………………… （191）

第一章

棋牌基本常识

第一节　棋牌游戏概述

1.棋牌游戏简介

棋牌游戏是指围棋、国际象棋、中国象棋和桥牌等智力性体育项目。棋牌游戏的历史渊源很久远，可以追溯到人类的史前文明。而现代棋牌游戏可以说是人类智慧的奇葩。围棋、国际象棋、桥牌现已经成为世界性公认的智力性竞技游戏，从事或爱好棋牌游戏的人数有几亿之多，它完全可以与其他世界性体育项目，如篮球、足球、田径等相媲美。棋牌游戏之所以深受人们喜欢，其很重要的原因在于它对于人的智慧产生良好的影响。棋牌游戏的思维方式是我们人类典型的综合思维方式之一。棋牌游戏不同于其他体育项目的地方，还表现在于棋牌游戏的特点是表现在它是人与人之间和平竞争。而体育项目多数表现在人与自然的抗争。

人类社会发展过程中，各个民族都有自己的优秀文化传统。现在民间流行着成百上千种棋牌游戏，为什么将围棋、国际象棋、桥牌、中国象棋列为体育项目？或者说，围棋、国际象棋、桥牌、中国象棋何以跻身于世界体育之林呢？其根本原因有三点：一是它符合体育公平竞争的基本原则；二是它有较广泛的群众基础和十分强烈的趣味性；三是它对智力发育的影响和产生的教育意义。

不管是自觉还是不自觉地参与棋牌游戏，棋牌游戏对于青少年的脑发育过程、思维方式、数字及图形观念、注意力、自我控制能力等多方面都有良好的影响。关于这一点只有公认，而没有科学实验证明。之所以会这样，主要原因与棋牌游戏的历史及现状有关，与人们对棋牌游戏的观念有关。棋牌游戏各项目的相对独立性增加棋牌游戏的教学难度。因此，对于棋牌游戏的教育意义很少有人研究。对于棋牌游戏为主体的整体考察也不多见。目前，棋牌游戏现状主要有个别项目的训练学研究，这一点国内外有相似之处。

棋牌游戏成为世界性体育比赛项目的历史并不很长，国际象棋、桥牌、围棋在 20 世纪内先后成为世界性体育比赛项目，各项目都有独立国际组织形式，这对棋牌游戏在世界范围内开展和流行起了十分积极的推动作用。国际象棋联合会、国际桥联、世界围棋联合会主办的各种棋牌比赛，既是我国棋牌选手竞技场，也是各国人民友谊交流场所。近三十年来，我围棋牌游戏发展较快，以聂卫平、谢军柯洁等为代表的中国棋牌界在多次重大的国际比赛中勇于拼搏，为祖国争得了荣誉。全国多次掀起了学习棋牌的热潮，棋牌游戏的参与人数呈几何级数增加，人们对于棋牌游戏的认识观也在逐渐发生变化，一些孩子家长由禁止小孩下棋打牌转变为花钱送孩子来学棋。

2. 棋牌游戏的特点

棋桥游戏指围棋、国际象棋、桥牌等项目而言，这是一个较为模糊的观念，是中国人的概括提法。但是从智力型项目类型来概括棋牌游戏不是没有特点的。要考察棋牌游戏的特点应该从三个方面来进行考虑：一是智力型游戏项目总的共性特点；二是棋牌游戏的文化特点；三是棋牌游戏的各个专项的自身特点。

智力型游戏项目与其他体育项目相比较其主要特点是用脑，而不是用身体。智力型游戏项目竞争对手是人，而一般体育项目的对手则是大自然。一般体育的成绩或纪录代表着人与大自然的抗争的结果。智力型游戏项目比一般体育更能反映人与人之间的相互关系。伟大的革命导师列宁将国际象棋比喻为"智慧的体操"，这是对棋牌的特点形象化的概括和总结。

棋牌游戏与其他体育项目相比较，比赛用时较长，不同的比赛规则和方式使比赛周期从几小时至十几天不等。从每盘棋、每一局牌到一次完整的比赛，参赛游戏员及教练员都是绞尽脑汁，全力以赴的。从总体战略设计到具体实战中战术的运用无不倾注了棋牌游戏员的心血。棋牌游戏的思维方式是人类最典型的思维方式。日常生活中我们经常会遇到这样或那样的问题，在处理任何问题的时候，我们都面临着判断和决断。即使是回避问题或矛盾在某个特定条件下也可能是一种最佳的决断。任何人在考虑任何问题，都不能不考虑与其相关的各种因素，考察它们在该问题中所起的作用。这些最基本的思维方式从始至终都融入在棋牌游戏之中。毛主席的《矛盾论》这一光辉哲学著作阐述事情矛盾发展的核心，给我们提供了解决问题的基本思维方法。从棋牌游戏性质来看，它实质上是一个连续不断的矛盾发展过程，同时也是不断解决矛盾的过程，棋牌选手采取不同的战略和战术手段，使这一矛盾事物面向自己有利的方向发展。

3. 棋牌游戏的文化特点

棋牌游戏是人类文明发展到一定程度的产物。与其他体育运动相比较，它的文化内涵更丰富。中国象棋定型于北宋末年，其九宫格和各种棋子的着法有着明显的封建文化的含义。而国际象棋发达于欧洲低地国家，这些小国国王出征，弱肉强食的动荡环境状态，使国际象棋表现为一种更为开放的棋子着法形式。"中国的小卒鞠躬尽瘁，外围的小兵可以呈王"，这是东西方文化的重要分水岭。纸牌是中国发明的，流传到国外则变成了扑克，这也说明了东西方文化的差异。围棋在中国一直受座子制的束缚，而日本在三百多年前就摒弃了座子制，使围棋技术水平有长足的发展。棋牌游戏发展过程中，带有深刻的文化内涵，世界各国人民将自己的文化传统和行为方式融进棋牌游戏之中去。随着现代体育的发展，各国人民的交往越来越频繁，公正、和平、友好的体育交往是现代社会主要特征之一。

棋牌游戏的文化特征在现代体育竞技之中也得到了充分的体现。棋牌游戏的另一重要文化特征表现在棋牌游戏形式的表达方法：一局棋、一副牌的比赛过程可以通过文字符号记录下来，载入史册，给后人提供一种十分丰富宝贵的文献资料。就像我们今天欣赏古代著名棋牌手的杰作的感受一样，未来的人对现代棋牌大师们的杰作也会产生同样的感觉。这种感觉是在其他体育项目之中都找不到的，它就像一幅画、一首诗，或是一段美妙乐曲。许多国际象棋大师把自己下的棋说成是一个创作，这不是没有道理的。棋牌游戏从某种意义上讲，它更是一门艺术，它具有十分典型的文化特征。

从整体上考察，棋牌游戏属于智力性游戏项目，但这不足以说明棋牌游戏各项目自身特点。围棋、国际象棋、中国象棋和桥牌都有其自身特点。

（1）棋类游戏的特点

棋类游戏属于明视智力性游戏项目，棋盘、棋子都明摆在眼前。每一种棋都有明显的表达意义，从棋盘上可以看出棋手的战略思想和战术意图。棋手们在"知己知彼"中进行智力的角逐，不断地想方设法使棋朝自己有利的方向发展。正确的战略方针和相适应的战术手段是通向胜利之路的关键。由于棋类游戏具有变化莫测的特点，因而要求棋手有较强的记忆力和较深的计算能力。棋局的最终结果有胜、负、和三种形式，棋手根据中局情况形势特点，双方子力配布，采取必要的对应着法来达到预期的目的。不同的棋类，如围棋、国际象棋和中国象棋，有不同的特点。不论其形式如何变化，每一局棋都是从简单到复杂，然后又回到简单。象棋的开局和围棋的布局阶段，因为棋子着法较少、简明易懂、双方均势，因而比较简单。在终局（盘）时，因为双方棋子较少或可接续的着法不多，胜负较容易判断。在中局（盘）阶段，因棋子多，选择的着法及后续手段变化不定，因此十分复杂。"千盘无同局"，说明棋类游戏变化莫测的特点，这一特点主要反映在中局（盘）阶段。

棋类游戏是人与人之间智慧的较量。在实力相当的棋手对奕时，这种特点表现得更为突出，它使胜负变化表现出某种"或然性"，这也就是我们常说"胜负乃兵家常事"。正是这种"或然性"极大地提高了棋类游戏的趣味性和棋手们不断进取的信心。棋类游戏在某种程度上是一种艺术，有许多棋手追求棋局中的艺术享受，力争把棋走得漂亮、洒脱。前人给我们留了许多精彩的对局资料，正是这种"艺无止境"，不断追求的结晶。

（2）桥牌游戏的特点

桥牌游戏则是属于盲视智力性体育竞技游戏项目。在打牌的过程中，牌手不知道对手或同伴实际上拿的是哪13张牌。在叫牌过程中，运用不同叫牌法则进行叫牌，将自己的牌中所含牌力、牌型信息告诉自己的同伴，以寻求最适合的约定。牌的分布大体上是随机概率分布。牌手们在叫牌和出牌过程中，要根据叫牌和出牌过程中的信息进行分析、判断，选择自己的打牌路线和防守方法。复式赛规则排除了牌的自然因素，而以人的智力和战术发挥成为胜负的关键因素。与棋类游戏相比较，桥牌是双人合作，或四人队式的形式参加比赛。因此，同伴之间的信息交换，配合默契，是桥牌游戏的重要特点。再优秀的桥牌手没有一个好的同伴，甚至不能战胜一对水平一般的桥牌手。

桥牌游戏的另一特点在于它有十分严谨的逻辑性，周家骝先生编译的《桥牌逻辑》一书全面地阐述了桥牌游戏这一特点。我们可以通过叫牌过程中的信息对每一个牌手的牌力、牌型进行逻辑分析、判断，采取最佳的完成约定或防守战略。正因为存在逻辑推理过程，利用这一过程在打牌中采用"诈术"，致使对手做出错误的判断也不少见。

桥牌游戏是"无限"与"有限"的结合。牌分布的相对无限性与叫牌法则表述牌况的有限性是桥牌游戏又一大特点。52 张牌分为四组每组 13 张，其排列组合的数值之大可以用一个人每天阅读 5000 副牌，要花 30 年才能看完全部可能出现的牌情分配。这一点说明了牌的分配类型是"无限的"，而表述牌情的叫牌方法及先后是有限的。在有限的叫牌空间中反映无限的牌情分配是一个极为复杂的问题。如何处理好这个问题，在不同的叫牌方法体系都有所体现。从不同的叫牌体系的产生和发展来看，我们发现先进的叫牌方法的运用，直接关系到桥牌游戏的整体的提高和冠军杯的易主。不同的叫牌方法体系都不可能是尽善尽美的，都存在其天生的弱点和缺陷。正因为这样才能出现叫牌体系百花齐放，各显其长。

4. 棋牌的特殊功效

棋牌是集科学性、知识性、竞技性、趣味性于一体，以脑力运动为主的活动，老少咸宜，可提高人的记忆力和大脑思维的能力，培养人们良好的品德修养和紧密协作、适应环境的团队精神。

锻炼思维，启迪智慧

玩棋牌能培养人们独立思考的能力，锻炼思维，启迪智慧。对阵双方完全是在平等的情况下"调兵遣将","逐鹿沙场"的。在这个过程中，参与者通过发挥主观能动性，使逻辑性和辩证思维得到增强。游戏中每一步都是判断、推理、计算和决策的过程。比如说围棋，它以军事辩证法为基础，需要把计算能力、默记能力、分析能力、战略战术巧妙地糅合在一起，很能启迪人的智慧，有助于益智、健脑和养志。

增进友谊，陶冶情操

三五好友或下棋，或打牌，以此会友，可增进友谊，陶冶情操。心境的畅达，使人的衰老也会延迟，这也是棋牌的一大养生功效。以弈棋为例，它除了比智力、比技巧外，还要比体力、比耐力，是养性的好方法。棋坛上流行的谚语是："弈棋养性，延年益寿。"

提高人际交往能力

在下棋打牌的过程中，有许多时候需要具备战略的眼光、整体协调的能力，这些在对峙中培养出来的协调能力离开棋局后也是十分有益的，将它活学活用，有助于人们协调人际关系，更好地适应社会环境。

提高人品，协助康复

玩棋牌除可获得精神上的快感外，还能够修身养性，即平时所称的棋品和牌品。它们又是人品的缩影，使人跳出单纯竞赛、调节情绪、益智健脑的圈子，胜不骄，败不馁，而步入高雅的娱乐、道德之列。现在一些养生保健机构设立的娱乐厅中，专门设有各种棋类，供调养康复者娱乐健身之用，使弈棋走出一般消遣行列，而为养生康复、提高人品服务。

益寿延年抗衰老

棋牌类活动能锻炼人的思维，提高智力，延缓衰老，充实人们的精神生活。棋类活动既可内愉心智，又能外修身形。玩棋牌时的专注和投入能起到气功练习中的调息、吐纳等作用，还有助于提高记忆力，对人的益处不可谓不大。尤其是老年人，由于其生理原因，脏腑功能日渐衰退，脑髓肾精虚亏不足，思维记忆、智力反应已然不如从前，倘若能经常玩玩棋牌，促使大脑思维智能不断地运用，必将对延缓衰老、防止大脑功能的退化十分有益。

5. 棋牌与青少年智力开发

事实表明，历史的经验也告诉我们，从事棋牌游戏可以提高人们的智力水平。历史上许多著名人物，如马克思、列宁、爱因斯坦、托尔斯泰、文天祥、范仲淹等从小就喜欢下棋。列宁称国际象棋为"智慧的体操"。长期从事棋牌游戏的人智商比一般人高。显然，棋牌教育对于青少年智力开发有着特殊的作用。诸如想象力、思考力、记忆力、注意力、计算能力、逻辑判断能力等多方面的要素都可以在有趣的棋牌游戏中培养。"寓教于乐，何乐不为？"应让青少年深切感受艺无止境的棋牌文化魅力，培养起青少年坚韧不拔的意志和良好的心理素质。

北京、上海等城市在某些中小学开展围棋、桥牌等课外活动和教学，吸引了许多学生参加。调查发现，凡参加这类活动的学生学习成绩均有不同程度的提高。现代教育研究成果表明，学龄前儿童的大部分词汇、概念、数学及简单判断能力都是在玩耍中学到的，而通过家长和幼儿园教师直接灌输的知识只占很少一部分，在小学中开设简单的棋牌课程，能以直观形象的方式帮助孩子理解数、大小、多少、顺序、点、面积等概念，进行加减乘除运算，增强记忆力、理解力，提高思考力、想象力和逻辑判断力。随着电子计算机技术的发展，国际象棋、围棋、桥牌、中国象棋都已成为电子游戏项目。棋牌教育与电化教育的结合是棋牌教育现代化的手段，也是青少年智力开发的方向。

6. 棋牌游戏的禁忌

弈棋的禁忌

弈棋，是一种"斗智"艺术，是锻炼智力的一种娱乐活动，纹枰对坐，从容谈兵，其乐融融，把人带入丰富多彩的世界里，享受到无穷的乐趣。对那些智力迟钝、注意力不集中的老年人，弈棋是最佳的治疗方法。需要注意的是，娱乐必须适度，才能乐在其中。

忌时间过长。下棋时间太久，势必减少活动量，使运动系统的功能减退。在棋逢对手、竞争激烈时，全神贯注、目不斜视，颈部肌肉和颈椎长时间固定于一个姿势，造成局部血液循环不良，肌肉劳损，易发生紧张性头疼和颈椎病，还会降低胃肠的蠕动，导致消化不良和便秘。心肌的收缩力以及身体的免疫功能都会减弱，更有损身体健康，尤其是对老年人。即便是身体好的老人，有兴致时可下个一两盘，但每次不宜超过 1 小时，消遣消遣则已。

忌争执不让。有些人弈棋争强好胜，常为一兵一卒争执，甚至唇枪舌剑，互不相让，这样会使交感神经兴奋性增高，心动过速，血压骤升，心肌缺血。原有高血压或隐性冠心病的老人，便有可能突然发生意外，导致不幸事件发生。下棋应以休息为前提，娱乐为宗旨。

忌不择场地。好下棋的人，往往不择场地，或蹲在路旁，或席地而坐，或伸颈折背观其胜负，任凭尘土飞扬，风沙扑面，依然两眼注视棋盘，奋战"沙场"。另外，棋子经过与很多人的接触，容易被各种细菌污染而成为传播之源，日久天长，病从口入，就会贻害健康。

玩牌的禁忌

麻将牌、扑克牌都是非常有趣的娱乐活动，由于这两种游戏不仅具有艺术性，而且有很强的趣味性，以致人们久玩不厌。但是，在玩牌的时候还需注意禁忌。

忌玩物丧志。麻将牌、扑克牌虽有益于人体身心，但玩的时间也不宜过长，一般每次 1 小时即可，每天不要超过 1～2 次。切不可通宵达旦、废寝忘食，而影响休息和工作，损害身心健康。有些人将扑克、麻将与赌博连在一起，甚至由此堕落，甚至走上犯罪的道路，显然也违背了玩麻将、扑克牌的养生意义。所以奉劝玩牌者：玩牌有节，玩牌有度，适可而止。

第二节 棋牌游戏发展

1. 我国棋牌游戏发展

我国是围棋、象棋和纸牌的发源地，棋牌游戏有十分广泛的群众基础。从历史的角度来看，我围棋牌游戏的历史十分悠久。但由于清朝实行闭关锁国政策，加之中国近代沦为半殖民地半封建社会，我国的棋牌游戏没有得到很好的发展。中华人民共和国成立前，棋手的生活大都没有着落，我国的围棋落后于日本，桥牌只在为数不多几个大城市知识分子中流行，中国象棋则散落在街头巷尾、茶馆酒楼之中，不能登大雅之堂。中华人民共和国成立后，党和政府十分重视棋牌游戏的发展，早在20世纪50年代就先后将围棋、中国象棋、国际象棋列为全运会正式比赛项目。特别是在1978年12月，党的十一届三中全会召开，从此改革的春风刮遍了全国，桥牌也被列入正式比赛项目。棋牌游戏得到迅猛发展。我国棋牌选手在国内外重大比赛中取得许多优异的成绩。全国不时掀起了"学围棋""桥牌热""国际象棋热"等热潮。参加棋牌游戏的人数呈几何级数增长。全国各地相继成立各种专项的棋牌协会，经常组织各种棋类和桥牌比赛。我国的棋牌游戏项目最全，但各项之间存在一定差异，中国象棋最为普及，围棋次之，桥牌第三，国际象棋最后。但从国际交流的角度而言，则以围棋、国际象棋、桥牌、中国象棋为序。各项目之间有十分明显的互补性，虽然我国国际象棋不很普遍，但许多棋手从中国象棋转学国际象棋进步十分快。从整体水平看，我国棋牌游戏是居世界先列的。

2. 国外棋牌游戏发展

世界各国棋牌游戏的发展极不平衡。国际象棋在定型之后在欧美各国十分流行，列宁称它为"智慧的体操"。苏联国际象棋十分普及，在苏联各加盟共和国都办有国际象棋学校。苏联的国际象棋水平一直处于世界领先地位，并蝉联 1951 年以来的男女世界冠军。强大的俄罗斯军团一直称雄于世界棋坛，1991 年苏联解体后，苏联的棋手分散于几个独联体国家，东欧棋手的崛起和亚洲女子国际象棋的进步，使世界棋坛出现了群雄竞争的新格局。

苏联是国际象棋大国，长期统治国际棋坛。1989 年，东欧剧变。1991 年苏联解体，分裂成 15 个独立国家。因此，目前国际象棋主要形成了以独联体和东欧各国为主体，以中国、菲律宾、美国为辅，诸雄竞争的局面。

欧美各国桥牌游戏较为普及，水平高，处世界领先地位。桥牌游戏起源于英国，成熟于美国。最早的桥牌形式是惠斯特桥牌，它是流行于英国上流社会中的一种惠斯特牌戏的变种，后来发展成竞叫桥牌。竞叫桥牌存在有许多不合理的规定，赌博性强，不符合体育公平竞争的法则。美国桥牌专家哈罗德·范德比尔自行设计了成局、满负、局况的各种记分方法，创造了"定约桥牌"，使桥牌真正成为一项智力性体育游戏。世界各国相继承认范氏规则，同时，美国的桥牌游戏水平一直独领风骚半个世纪。目前，美国及西欧各国桥牌游戏相当普及，许多中学都开设了桥牌课程。

围棋起源于中国，流行并盛行于日本。日本在 16 世纪初废止了"座子制"，使围棋的布局有前所未有的新发展。日本最早开设围棋私塾学校，围棋普及面广。目前，日本有九段以上棋手三百余人，围棋参与人口 5 千余万，占人口比例较高。日本也是最早成立棋院，实行棋士制国家。下棋可以作为谋生手段是日本围棋的特征之一。目前，日本许多中小学开设有围棋课程。除日本外，韩国的围棋近三十年来发展较快，围棋游戏也十分普及。现代围棋游戏开始逐渐从亚洲流传到世界各国。据报导美国有些州在中小学开授围棋课。

中国象棋是我国的传统项目，在我国有着深厚的群众基础，同时也在东南亚各国广泛流传，目前也有国际化的趋势。

3. 正在兴起的棋牌学

围棋、桥牌现在遍及世界五大洲80多个国家，中国象棋也逐渐走出亚洲，面向世界。在围棋、国际象棋、中国象棋和桥牌智力性游戏面临职业化、国际化的同时，世界各国开始重视智力性体育游戏的教育学职能。我国是围棋、象棋和纸牌的发源地。在我们欢庆谢军夺取世界冠军皇后桂冠之际，在我们连续欢庆第一、二、三届中日围棋擂台赛胜利的鞭炮声中，我们冷静地的想一想，就知道我们的棋牌选手面临后继乏人，阵容不齐的危机，围棋、国际象棋和桥牌远远没有达到"普及"的程度，而这正是棋牌学产生的内在动力和原因。

棋牌学诞生的意义

围棋的历史有几千年，中国象棋的历史有三千多年，国际象棋的历史已将近2000年，而桥牌从它的前身发展至今已经有几百年的历史。从整体考察看，棋牌游戏的历史比任何一项现代体育游戏的历史都长远。然而，在传统体育分类中，棋牌游戏则归属在体育游戏之中，这与现代体育游戏的发展是极不相称的，这是一种"脑体倒挂"的体育现状。学体育专业被误认为"四肢发达，头脑简单"，体育专业的学生普遍存在着术科成绩好、学科成绩差的现象。

随着现代社会的发展，对于全面的德、智、体人才的需要有了更高的要求。各种体育软科学，如体育管理、体育心理、体育社会学等学科的相继问世。人们对体育概念、功能及其社会意义有了更加深刻的理解。现代智力性体育游戏的发展，使我们对体育的传统观念有所改变，当各国普遍重视到智力性体育的教育功能时，围棋、国际象棋、桥牌在世界上许多国家逐步被列入了中小学教育计划。因此，有必要使它从体育游戏中的智力游戏中独立出来，成为单独的学科。在体育院、系开设棋牌学课程意义十分重大，它可以利用我国现有的教育体系，培养一批具备初、中级程度的棋牌中小学师资队伍。为今后在中小学开设专门的棋或牌课程做准备工作。以往的经验表明：学棋的年龄在十岁以前为好，天才儿童的启蒙和发现并不要求棋牌专家亲自到场。如果在中小学就开设一定数量的棋或牌入门教育课程，我国儿童当中一定会涌现出更多的"天才"。我国棋牌游戏就会连绵不断，长久保持繁荣昌盛的局面。

4. 棋牌学的内容及教学方法

棋牌学是研究棋牌游戏规律的一门新兴的体育学科。棋牌学以智力型体育游戏为主要线索探讨其内在规律及其对青少年智力发育的影响。棋牌游戏是指围棋、国际象棋、中国象棋和桥牌等智力性体育竞技项目。跟其他体育项目相比，棋牌游戏主要是脑力劳动，是智慧的竞争。因此，就智力性体育项目而言，棋牌游戏有其共同的规律。棋牌学主要研究这些规律及它们对青少年智力发育的影响。

棋牌学的内容

棋牌学的内容包括如下几个方面：研究棋牌游戏的一般规律和各项目的特殊规律；介绍围棋、国际象棋、中国象棋和桥牌的基础知识、基本技术及基本原理；研究棋牌游戏的教育学规律；普及棋牌学基础教育；研究棋牌游戏的竞赛组织形式和裁判法体系；研究棋牌游戏对青少年智力发育的影响及其规律。

目前我国棋牌游戏尚不够普及，各项目的训练学体系和组织形式也不够完善。如从智力型游戏的总体考虑，特别是其教育学体系明显不足。广大青少年正常或受鼓励引导来接触棋牌游戏的机会太少。如何建立棋牌学的教育体系，深化和普及棋牌学，从根本上解决棋牌游戏后继乏人、阵容不齐等则是发人深省的问题。在中小学推广普及棋牌学教育，确实值得尝试。在高等师范院校体育教育专业开设棋牌学课程，更是刻不容缓，为培养大批具有较高水平的棋牌游戏知识的体育专业教师将是不无裨益的。

棋牌学的教学方法

学习和研究棋牌的方法多种多样，各项学习和教学方法往往与各项目的特点紧密相关，目前大多属于训练学体系的范畴。因此，从教育的角度来考察，抽象的棋牌学的学习与研究方法是不存在的。探索新的、统一的棋牌学教学方法体系，是我们要面临的新课题。传统的课堂教学形式用于棋牌学的教学，是一种新的尝试。从智力开发的角度，将围棋、国际象棋、中国象棋和桥牌等项目编写成教科书并纳入课堂教学，将是棋牌学主要教学形式和方法。

讲授法：这是传统的课堂教学方式。由教师讲授棋牌学的基本理论及各个专项的基础知识和基本技能。讲授法的优点是一个教师可面对多个学生，系统性强、讲授内容相对稳定，效率较高。但是由于从学生方面反馈来的信息不足，不能同时满足不同层次水平的学生或游戏员的要求。内容相对单调，故多用于初、中级水平的教学对象。

训练法：在教师的指导下，完成一定量的训练课作业，如棋类游戏的读谱、解题，桥牌的基本技能的训练课的作业。教师应注意集中训练课中出现的问题，逐一予以解决。训练法能够培养学生独立思考问题和解决问题的能力。教师可以针对每一个学生的实际能力来安排训练课作业。训练教学法能较快地提高棋牌的基本技能。在采用训练法为教学手段时，要注意各专项的特点，有针对性地安排训练课程内容，而且要求学生独立完成训练课的作业。

电化教学法：电化教育是现代化的教学手段，在体育教学中已得到了极为普遍的运用。棋牌游戏的竞赛特点是不能像篮球、足球等现代体育项目有强烈的可视性，但我们通过电视节目和录像就可以弥补这方面的不足。通过电化教学我们可以将高水平比赛直接介绍给学生，从中得到直接的视觉感受。电子计算机技术的运用，电子棋牌程序的设计将在棋牌教学起到前所未有的作用。与电子计算机下棋、打桥牌，也可以作为一种正常的教学手段。

竞赛法：在教师的指导下，有目的地进行比赛，这样可以激发学生的学习兴趣，有利于全面掌握棋牌学的基本技能。在竞赛中，学生分别担任选手和裁判及组织人员等角色。竞赛法同时也可以考核每个学生掌握棋牌技能情况。竞赛法比较费时，可以用于选拔出较优秀选手，一般应放在期中或期末进行。

考试法：将棋牌学的基本理论知识，各专项的基础知识、基本技能、基本规则等内容形成试题，要学生以书面形式答卷，这是教师掌握学生学习情况的最基本手段之一。它属于教育学的范畴，考试可强化记忆，将考试法用于棋牌学的教学中，肯定会有事半功倍的效果，可以用在教学的各个环节中。

5. 棋牌学与科学的关系

棋牌学是研究棋牌游戏规律的新型体育科学，它与数学、逻辑、运筹学、信息论、系统论、控制论等现代科学有着密切的关系。

棋牌学与数学关系十分密切。国际象棋、围棋和桥牌等项目都包含有丰富的数学原理，从简单的四则运算到复杂的概率论知识都寓于其中。随着计算机的发展，人工智能模拟是现代尖端技术研究的重大课题之一，这使棋牌学与现代数学更加紧密地结合在一起。又如，围棋棋盘有 367 个交叉点，黑、白棋子各有 180 颗，学习围棋有助于促进小学生的四则运算能力。特别是心算与口算能力，加深中小学生对点、线、面的概念的理解。

棋牌与逻辑关系也十分密切，在棋牌游戏中，有十分丰富的辨证法，从简单的是非判断至三段论，从形式逻辑至数理逻辑无不寓于棋牌竞赛的胜负之中。每一局棋、每一副牌都包括有深刻的逻辑命题。学习棋牌可以培养学生掌握理解逻辑法则，提高分析问题和解决问题的能力，提高学生的独立思考能力和自信心。

运筹学是一门新兴的现代科学，它是建立在现代信息论、系统论、控制论的基础之上的，棋牌游戏的实践即是运筹学的实践过程。在运筹学中，包括收集信息，分析整理信息，得出适当的结论，最后作出判断和决定对策。在棋牌游戏中，则根据棋局或牌局情况，分析对手的目的意图，结合自己的棋局或牌局情况不断地选择最佳对策或方案。所以，奕棋的思维方法就是运筹学的思维方法，也是人类思维的典型方式之一。学习棋牌可以在提高学生思维能力，使之面临现代社会的复杂变化可以运筹帷幄，而不是一筹莫展。

此外，棋牌学还与心理学有很深的联系。打牌或下棋，本质上是人与人之间的智力较量，"胜不骄，败不绥"是棋牌技艺精进的座右铭，没有良好的心理素质，缺乏坚强的意志的人是做不到这一点的。智力水平的测量和评价指标大多属于心理学的研究内容。青少年学习棋牌学有助于培养他们的坚强意志和良好的心理素质。

第二章

棋类学习训练

第一节　围棋

1. 围棋概述

围棋古称"弈"。东汉许慎的《说文解字》说："弈，围棋也。"弈棋的规则简单，棋具简单。但黑白两色棋子在纵横各 19 路棋盘的 361 个交叉点上，却能生出许许多多的变化。约九百年前北宋著名科学家沈括在《梦溪笔谈》里对此做过有趣的计算，他的结论用现代数学的写法是 1×10^{172}。稍具数字常识的人都知道，10^{172} 是一个大得十分惊人的天文数字。但实际上，围棋的变化数，比上面的计算数还要大得多。所以北宋张拟的《棋经》说："自古至今，弈者无同局。"

围棋是科学、算度、感觉、艺术、个性风格的综合，具有独特的趣味性。古往今来，中国曾经出现过许多游戏活动，如抨蒲、双陆、马吊等等，随着日月的流逝，都相继消失，湮灭无闻了。但围棋这个中国传统文化中的瑰宝，百花园中的奇葩，却代代相传，日益发展。古代中国，人们把"琴、棋、书、画"相提并论，尊重善弈者，也把会下棋视作高尚典雅、多才多艺的一种表现。在现代，围棋更作为一种高级的、趣味特浓的智力竞技活动，吸引了越来越多的爱好者，并逐渐在世界各国普及。

2. 围棋的棋盘和棋子

棋盘也称"棋局""枰""楸枰"。其形体有三种：①薄片型。用纸或木板制成，最为通行。②箱形。为一肩状的长方形箱子，下有扁形座子。③脚型。棋盘厚至三寸以上，下有四只脚。在日本较多见。棋盘盘面为正方形或略呈长方形。盘上有纵、横各 19 道等距离的平行线，互相交叉，构成 361 个交叉点。为便于判定盘上各点的位置，采用坐标法编号：竖线自左至右用阿拉伯字母依次编为 1 至 19 路（或道），横线自上而下用汉字依次编为一至十九路（或道）。标注位置时，先竖后横，如"2 二"路、"5 八"路等。沿边的"上"形和角上的"L"形，与中间的"十"形一样，都是交叉点。为计算及辨认的方便，盘上用黑点标有九个重要点，术语叫"星"，正中的那个"星"叫"天元"，又别称"太极图"。以每个"星"为中心，大体分棋盘为九个区域。

围棋使用的棋子分黑白两色，通常为圆形扁片，一面凸或两面凸均可。一副棋子一般黑白各 150 枚，日本则规定黑子 181 枚，白子 180 枚。其质料最早用天然山石，择两种不同颜色防宜布置；也有以象牙、犀角、水晶、玛瑙、蛤贝、磁石等制作的。现代多为塑料制品。

在日本，最好的棋盘与棋子是用榧木和蛤石制成，价格十分昂贵。在中国，则以云南棋子和楸木棋盘最为出名。

3. 围棋规则概述

围棋是两人对弈的棋戏，一人拿黑棋，一人拿白棋，由黑棋先下，每人轮流下一子，各自占领和侵夺棋盘。棋盘上横线与直线交叉的点叫"路"（或"道"），棋就下在"路"上，不是下在方格内。棋盘可分九个部分，即四角、四边及中腹。下棋时，一般先争角，后争边，角和边用的子少，却能占到很大的地盘，故有"金角银边"之称。下子后，不得拿回（所谓"悔棋"），也不许挪动。围棋的目的是用己方棋子尽量多地占有棋盘上的交叉点。棋盘上的交叉点叫作"目"，也称"空"或"地"。也就是说，围棋的胜负，以双方所占"目"的多少或所围"地"或"空"的大小来决定。行棋到终局，棋盘上留下的活棋和占的"地"的大小（或围的"空"或"目"的多少）确定了一局棋的胜负。

4. 围棋棋子"气"和"提"的规则

围棋棋子上下左右紧连的交叉点，是"气"。一个棋子或许多棋子被对方紧紧包围，它的"气"全被堵住，根据规则，应当立即把它从棋盘上拿掉，术语叫"提"。

5. 围棋禁入点规则

"禁入点"是禁止对方下子的地方。如果在此处下子，就立即被拿掉。并且失去了一次下子的机会，不许重下。"禁入点"和"提"不同，所谓"禁入点"，必须同时具备两个条件：①下子后，立即出现自己无"气"的状态；②又不能立即提掉对方的棋子。

6. 围棋打劫规则

"打劫"是提子的一种特殊类型。一方提子和对方在经过"寻劫""应劫"之后的回提，术语叫"打劫"。打劫过程中，一方不应而在劫位填子的，叫"粘劫"。打劫时，一方提吃对方后，对方必须应一着才能回提，不能等上就提吃，等上提吃的，在日本算输，在中国视各种比赛的具体规定有犯规处理或算输。

7.围棋活棋和死棋规则

下围棋必须弄清"死""活"问题。要认清什么是活棋、死棋，必须掌握"眼"的概念。"眼"就是几个子围住一个交叉点。眼有"真眼"（整眼）和"假眼"（断眼）之分，"假眼"不能起"真眼"的作用，所以不管有多少个"假眼"，都是死棋。除有些特殊类型外，一块棋最少要有两个"眼"，才算活棋。

8.围棋双活规则

双活也称"公活"，是活棋中的一种特殊类型。

9.围棋终局规则

棋盘上黑白双方活棋的地界已完全划清，就是双方棋子交界处一个空白点也没有了，双方认为无棋可下，就是"终局"。此外，出现以下三种情形，则应判定为"终局"①在对局过程中，一方中途认输。②在限时比赛中，一方读秒过时。③在正式比赛对局过程中，一方因特殊原因中途弃权等，也属终局。

10.围棋胜负规则

围棋终局后，要进行双方胜负的计算。围棋的胜负，取决于双方活棋所占地盘的大小，也就是双方活棋在棋盘上所占的交叉点的多少。多者为胜少者为负。具体地说，在让先对局中，双方各占得 180 又 1/2 点为和棋，超过此标准为胜，低于此标准者为负。在分先对局中，因为黑方占了先下一着的便宜，所以在计算时，要贴补给白方 *2又 3/4* 子（五目半）。双方的子数，黑方占得 *184* 点为胜 *3/4* 子，白方占得 *178* 点为胜 *1/4* 子，低于各自所占的标准者为负。在让子棋对局中，黑方必须要归还白方所让棋子的半数（如让二还一、让四还二等），然后再计算胜负。双方以 *180 又 1/2* 点为和棋，多于此标准为胜，少则为负。围棋胜负的计算方法，中国为数子法，日本为比目法，基本道理相同。此外，中国台湾的应昌期先生推出了"应氏围棋规则"，即计点制围棋规则，要求黑贴 *8* 点，再计算胜负。

11. 围棋对局中的分先与让先规则

围棋对局过程中，有让子、让先、分年等不同的弈法。

（1）让子。也称"饶子"。水平高低参差之棋手对弈时，为使水平相对平衡而采用的比赛方法。上手称"授子"，下手称"受子"。入局未落子时，下手黑方先在棋盘上指定处，置于两枚以上（可多至 *25* 子），再由上手白方投子。让子棋一般从二子到九。终局计算输赢，黑方须还给白子所让子之半数。

（2）让先。也称"定先""饶先""常先""先"等。我国古谱中还有将让先称为"饶一子"者。指双方棋力参差，不能分先对局时，上手经常执白子，下手执黑子先行，叫"让先"。棋力相差不等时，有"先相先""先二"等规则。三局中二局执黑子，一局执白子叫"先相先"或"半先"；二局中一局受先、一局受二子者，叫"先二"；三局中两局受先、一局受二子，或两局受二子、一局受先者，叫"先二先""先先二"。大致棋品愈高，分级愈密。

（3）分先。也称"对子""争先""互先"等，是对局不让子统称。包括各先一局（分先）、三局中有两局先（半先或先相先）等。分先对局中，有抽先、猜先、输赢先等。抽先用抽签法决定谁执黑先行；

猜先为一方用几粒棋子握于手中，由对方猜测单或双数，猜中者先走；输赢先根据前局成绩，胜则继续执白子，输则执黑子先走，连败连先，带有升降意味。

12. 围棋术语

围棋的术语很多，几乎每下一子都有它特定的名称，并且随着棋艺水平的发展和新形式的不断出现而层出不穷。中国围棋史上最早对围棋术语作归纳和解释的，是宋初的文字学家徐铉。他在《围棋义例诠释》中对32个术语每一个字的含义都作了解释。北宋张拟撰写的《棋经》中也提出了32个术语。两者大同小异。至施定庵作《弈理指归》，落子定名有48字，较前人尤为详备。但对初学者而言，最常遇到并经常运用的术语，有长、立、尖、跳、飞、拆、板、接、拦、断、挖、虎、刺、打、双、渡、碰、托、压、冲、曲、靠、镇、挡、提、肩冲、尖顶、点方、玉柱、退、并等等。

（1）长。在原有棋子的直线上，紧接着延长一子，叫"长"。

（2）立。当双方的棋子在边、角上接触时，顺着自己的棋子向下"长"一子，叫"立"。

（3）尖。在原有棋子的斜线上（方格对角上）下一子，叫"尖"。

（4）跳。在原有棋子的同一条直线上，隔开一路下一子，叫"跳"，有时也叫"关"或"单关"，以期超出敌方上压之子，境地宽阔，增强动力。

（5）飞。从原有棋子出发，向"日"字形的对角上下一子，叫"飞"或"小飞"。比小飞多一路下子，即是到"目"字形的对角上，叫"大飞"。飞有的用于攻敌，有的用于自守，也常用于布局阶段。

（6）拆。从原有棋子的同一条横线上，向左或向右间隔一路、两路以至三路、四路下一子，叫"拆"。一般在三路上，近代也兼用四路或一着在三路，一着在四路。拆的目的，在于尽快发展势力。有时为了做眼求活，也可用拆的手段。

（7）扳。在黑白子互相贴近时，一方从斜角上向对方兜头下一子，以阻止对方的出路，叫"扳"。是扭杀中的剧烈手段。由于方向不同，有"内扳""外扳""上扳""下扳""反扳"之分。

（8）接。把两个不相连棋子连接起来，免遭分断，叫"接"。又，被打吃时，在可能被提吃处应一子，也叫"接"。

（9）拦。也称"挡"。在对方向上下左右发展时加以拦阻，使其不能再进，叫"拦"。是采取守势的战术。

（10）断。把对方的棋子分隔成两部分，叫"断"。分断后，或被围，或被杀，由此出现波澜，故有"棋从断处生"之说。借断着开展战斗。是攻势中的重要战术。

（11）夹。用两个子把对方一个子夹在中间，叫"夹"。古义释中称此为实夹，而把两子自夹（相当于一间）叫座夹。是围棋中的一种攻击手段。

（12）挖。与夹相反，在对方的拆一或单关中间塞进一子，叫"挖"。在攻击对方或治孤中往往采用。

（13）虎。从原有棋子"尖"一着之后，再向另一边对称的位置"尖"一着，这种连尖就叫"虎"。

（14）刺。对准对方的虎口或一间处下一子，准备切断，叫"刺"。

（15）打。也称"打吃""叫吃"。将敌子三面包围（极边第二线只须两面包围），再下一子即可提取，称为"打"。如打吃仅限于一方，称为"单打"；同时着一子有两处受到打吃威胁，称为"双打"。

（16）双。也称"竹节"。为了不致被对方断开，把自己的棋子拼连起来（形状如两个"单关"并列），叫"双"或"双关"。

（17）渡。在棋盘的边线上（一般在三路以下），从对方的棋子底下放一子，使自己两部分棋子连结在一起，叫"渡"。

（18）碰。紧靠对方的棋子旁边下一子，叫"碰"。

（19）托。紧靠对方的棋子下边下一子，叫"托"。

（20）压。紧靠对方的棋子上边下一子，叫"压"。

（21）冲。从自己原有的棋子出发，向对方棋子的空隙冲去，叫"冲"。

（22）曲。在同一线路上下左右平行时，转向另一方向着子，与原线成直角曲势，叫"曲"。有攻击对方及自谋发展等作用。

（23）靠。也称搭。紧靠对方棋子的旁边下一子，并有自己的子做策应。叫"靠"。

（24）镇。在对方子的直线上方空一路下一子，叫"镇"。有攻击对方、不使出路通畅等意味。

（25）挡。在对方向外冲出时，通头堵住它的去路，叫"挡"。

（26）提。下一个子就把对方的棋子从盘上拿掉，叫"提"或"提吃"。

（27）肩冲。在对方子的斜上方成"尖"的位置上下一子，叫"肩冲"。使对方不易向前发展，并借以自张腹势。

（28）尖顶。使自己的子成"尖"的位置，并紧靠对方棋子的走法叫"尖顶"。既保护实地，也有利于搜根制敌。因与原子相隔很近，不畏冲断等，具攻守兼备的作用。

（29）点方。盘面纵横各二路连在之子成曲尺形，但为对方靠断并不完全连接，在其空曲形处虚点一子，叫"点方"。是描着对方棋形要害，有极强攻击性的一种着法。

（30）玉柱。一方在"四四"路有子，并有大飞相呼应，但对方可在"三三点角"后，角隅全部占有。为保全角隅实地，称"玉柱"。这一着法除在角隅外，也有着在边地的。多用于防守，是坚守之着。日本之"缔"与此相同，但应用范围更广。

（31）退。和对方接触的子，向自己其他子的方向延伸一子，叫

"退"。

（32）并。和自己的子并排下一子，叫"并"。

13. 围棋布局

围棋布局就是一局棋开始时的布置和结构。一般在几十着之内，先角后边逐渐向中腹发展，双方尽先占据盘上价值较大的空点，从而进行局面的分割，直到这盘棋的格局（骨架）基本形成为止。布局就其现象来说，除了在定式中会出现一些激烈的场面外，一般双方都是各占要点，一旦出现激战，即可认为进入中盘阶段。就其内容来说，布局大致包括以下几个方面：占据空角、守角、挂角及随之而来的定式，占据大场，对敌阵的分投、浅削、打入、扩张和加固已方的模样等。就其作用来说，布局是双方各自摆好阵势，为有利地进入中盘战斗做好准备。布局构思的好坏，往往决定一局棋的走向。所谓不战而屈人之兵，与布局阶段有很大关系，高手对局，在此阶段多用长时间考虑，以期早占优势。布局是一局棋的基础。初学者应掌握以下几个方面。

（1）角上下子的位置；

（2）布局类型；

（3）定式的活用；

（4）大场的选择。

14. 围棋布局角上下子的位置

对局开始应先占据空角。一般来说，占空角不外以下几个位置：小目、目外、高目、星、三三。这五种位置，各有不同的作用。小目和三三偏重于守角取实地；星、目外和高目偏重了控制边和中腹的形势。上述几点，就其本身的价值来说，优劣很难判断。但高水平的棋手，对布局作战的设计，是从一局棋的第一着就开始的。这是因为小目、目外、高目、星、三三各点，其价值虽然暂时很难说有什么差别，但它们的性质，尤其是今后的发展方向却不尽相同。因此，对角上下子的位置，不同风格的棋手及对弈过程中根据对方棋风的特点，就产生了不同的选择。例如爱好实地的棋手直占小目与三三，爱好模样的棋手选择星与目外等。除了占空角，守角的价值可以说是最大的。

有守角就有挂角。挂角带有攻击性，其意图是为了妨碍对方守角，因此它与守角有同等的价值。

挂角和占空角一样，每一种挂角方式也是各有其长，各有其短。在绝大部分时候，挂角时的选点都要经过反复推敲才能决定。用什么方式挂角，要根据周围的配置，否则，因挂角时的轻率而招致全局的被动，并不是不可能的。

15. 围棋平行型布局

双方各占相邻的两个角，叫作平行型布局。这种布局偏重于取边角实地，较为平稳简明。按照布局通则，占据要点，抢占大场，有时能各自联成一片，形成较大模样，这种布局类型，为较多棋手偏爱。它大致分有错小目守角型、星小目守角型和三连星等三种常见型。

16. 围棋对角型布局

双方各占两个对角，成为交错的形式，叫对角型布局。它大致分对角星和对角小目两个类型。对角型布局的特点是速度快，便于向边和中腹发展，很多"力战型"棋手都喜欢走对角型布局。

17. 围棋秀策流布局

秀策流布局也称"1、3、5型布局"。这种布局是一百多年前被誉为日本"棋圣"的本因坊秀策所提倡的先着必胜的布局而得名的。从那时起，提出和总结了以三线为地域线，以出线为势力线，并以先占小目，继而守角、挂角和推进全局的布局理论。

18. 围棋中国流布局

1965年，我国围棋访日代表团，在日本的首场比赛中，采用了一种新型布局，即第一着走星位，第三着走邻角的小目，第五着走"3、九"路位置。几年后，这种布局在棋界受到重视，并广为流行，从此被称为"中国流布局"。

19. 围棋互挂型布局

这种布局不像平行型或"中国流"那样有规律，比较复杂多变。由于双方布局起始就相互挂角，采用夹攻的定式较多，双方都很难构成大模样，往往顾不得占据大场就卷入急战。擅长攻杀的棋手往往偏好这种布局，以乱中出棋，乱中取胜。

20. 围棋布局定式的活用

围棋布局定式的种类很多,在对局中必须根据具体情况灵活运用。一般地说，选用定式不外乎达到以下几个目的：①与邻角边的己方棋子互相呼应，组成一个好的结构或阵容，破坏对方组成好的结构或阵容。②争取先手，以便占据盘上其他地方的必争点。③能够较好地贯彻布局意图。④征子有利等。定式选用过程中，大致可分为两种类型，一种是局部双方互不吃亏，另一种是局部虽损，但有利于全局的配置。前者称两分定式，后者称场合定式。

21. 围棋布局大场的选择

在布局阶段，较有利于开拓己方地域，较有利于妨碍对方开拓地域的地方就称为大场。空角、守角和挂角是当然的大场，此外的大场还有下列几种地方。

（1）四边的中心点附近。包括己方相邻两角的中间，对方相邻两角的中间，彼我相邻两角的中间以及较大限度的开拆等。

（2）扩大和巩固己方地域或势力的地方，限制对方扩大地域或势力的地方。

（3）关系到双方或一方根据地的地方。

（4）侵入对方势力时还有拆二余地的地方。

（5）在双方互有大形势的情况下，一着棋既能扩张自己的大形势，又能削弱对方的形势，这种全局性的好点，叫作形势消长的要点。日本称为"天王山"，无论被哪方抢占都是盘面上绝对的大场。

在一种局面下，有时会有好几处大场，在选择过程中，可以从下述三个方面来判断大场的价值，决定轻重缓急。其一，能否构成己方的立体结构，能否妨碍对方构成立体结构。其二，能否使己方阵营一着连片，能否妨碍对方一着连片。其三，是否有后续手段。

22. 围棋定式概述

围棋对局中，黑白双方的接触往往都从角上开始，而在这种接触中反复出现了许许多多的变化，自然形成许多不同的棋形。所谓定式，是指布局阶段双方在角部的争夺中，按照一定行棋次序，选择比较合理的着法，最终形成双方大体安定、利益大小均等的基本棋形。

定式的数量很多，至今还在不断发展和创新。据不完全统计，目前就有四万左右。但在实战中经常出现的也就是四五百个，这些定式，大致可分为两种类型：一种是局部变化利益相当，叫两分定式；一种是局部受损，但有利于全局的配置，叫场合定式。熟悉定式，运用好定式，是围棋技术的一个重要方面。常见的定式类型，围绕"星""小目""三三""目外""高目"等展开。

23. 围棋中盘战术概述

围棋一局棋在双方布局大致完成后，就进入战斗侵分的阶段，双方白刃相接。或是攻守的牵制，或是打入防分，或是空的成破，或关系势的消长，争夺激烈。此时渐从虚路进向实路，必须周密操算，稍有失着，即不待终局而胜负见分晓。古今精彩对局中，妙着层出不穷，瞬息万变，多产生于中盘。棋艺水平的高低多于中盘战表现出来。

一般而论、布局都从边角开始、巩固和发展自己的阵容，而中盘则多在中腹争夺，且波及全局。布局是边角着子，属于平面，中盘则边角腹交错展开战斗，属于立体。一局棋中，布局及官子阶段，固定着法较多，如定式、大场、官子的数值等，而中盘则千变万化难以捉摸，基本上没有固定程式。因此，中盘既是围棋难于掌握的部分，也往往是决定围棋胜负的关键。大体来说，围棋中盘战个要注意以下几方面。

（1）连接与分断；

（2）棋形；

（3）轻重；

（4）向背；

（5）攻守。

围棋的连接与分断通连在一起，就易于攻守，无后顾之忧，头绪大多，便会顾此失彼，陷于被动。所以一些长于力战攻杀的棋手，很注意棋的通连。厚实了，攻击对方才有力量。相反，断则是抓住对方的缺陷进行攻击的一种激烈的手段。围棋谚语说："棋从断处生。"由此可以看出断的严厉。但对方若两面都是活棋，或一方活棋，另一方又很强的情况下，断则没有必要。否则，会因自己的不理智而陷入孤军作战的困境。

通连简单的方法有长、立、并、尖、曲等。还有一种间接通连，稍微复杂。此外，围棋实战中还会遇到一些巧妙通连的办法，对方都施展不了分断。

围棋分断常用的手段有扭断、跨断、冲断、挖断、隔断及打入等。

24. 围棋的向背

向背指行棋的方向，正确的方向叫向，错误的方向叫背。了解行棋的向背对拓宽地域、抢占大场和急所很重要。在围棋布局中，子与子之间互相配合，构成了一定的势力范围，作为围棋的结构（或配置），围棋的结构有两种，一种是平面结构，另一种是立体结构。一般来说，立体结构能以较少的棋子围取更多的地域，因此优于平面结构。行棋开拆或抢占大场，应先注意子效是否构成立体结构或破坏对方构成立体结构，此其一；其二，在挂角及发展势力等时，应注意行棋方向。

25. 围棋的根据

根据亦称根。凡活棋，眼形丰富或比较实的棋叫有根棋。无眼形、无利用、漂浮而不易做活的棋叫无根或孤棋。行棋应注意根据，否则易受攻击。

围棋中盘战斗中还有许多技术问题，如弃子、转换、厚薄、重复、次序等，需要通过实践不断体会和摸索。

26. 围棋收官与终盘概述

围棋一般可分为三个大的阶段，即布局、中盘和收官。收官，即官子阶段，也叫结束或终盘，是在中盘战告一段落时开始的。从中盘战所划分的势力范围变为实空时起，到最后一目为止，收官一直收到终结。

收官在围棋中是十分重要的项目。一局棋除了明显的优势和劣势外，最后谁胜谁负都和官子有直接关系。尤其双方水平接近，盘面形成"细棋"（胜负不大，俗称"细棋"）时，官子技术便起决定作用。稍占优势的棋，由于官子没有收好，往往失败。劣势的棋，如果官子收得准确巧妙，也能反败为胜。实战中这样的棋是相当多的。同时，官子也并不总是小棋，官子从半目起到 30 目以上为止，所得的空不亚于拆边。在布局或中盘战中，有时也会下出收官的棋。因此，如何掌握官子技术也是学围棋的重要方面。

27. 先手与后手

围棋进入官子阶段后，应对全局做一次详细的形势判断，做到心中有数。一般情况下，先占自己的先手官子，然后再占最大的后手官子，依次类推。

28. 双方棋形的弱点

收官过程中，要随时观察双方棋形的弱点，乘机破空。同时也要时刻注意自己的毛病，及时补棋，防止对方破空。

29. 边、角上的官子

有些围棋初学者，收官时往往有个错觉：总认为吃子大，而忽视边、角上的大官子，最后损失惨重。

30. 收气的官子

中盘战斗时，往往出现一些棋是紧气或紧气活，这类棋当时不必忙于走它，但是到了官子阶段，必然要一步一步收束，此时要时刻注意，随时计算气数，稍一疏忽，往往导致失败。

31. 侵分性官子

利用对方棋形的弱点，在对方地域内走出棋来，或利用死棋、死子、打劫等，采取必要手段，取得便宜，增加自己的地域或削弱弱对方的地域。这种侵分性官子，在形势不利的情况下，特别要通观全局，不失时机地运用。

32. 套官子

套官子，即收完一个官子之后又产生出另外一个官子。

33. 对应官子

官子中出现完全相等或所差极微的官子叫对应官子。

34. 逆收官子

中盘结束后，双方都会遗留下来一些先手官子。一般说，谁的先手官子就应属于谁的。但在实战中，一方如果收了另一方的先手官子，叫做逆官子。

35. 官子的技巧

同样一局棋的官子、收官方法各有个同，如能做到计算精确，先后手的次序把握好，并能利用对方的弱点借以破空或成空，便可得收官之利。

36. 官子的计算方法

计算官子，首先要有"目"的概念。围棋中 1 个空点是 1 目，提吃 1 子是 2 目，因为提一子得 1 目的同时又减少对方 1 目，加起来是 2 目。也就是说一个官子的数值，等于双方得失数目的总和。

第二节　象棋

1.象棋概述

象棋，又称中国象棋，在中国有着悠久的历史，属于二人对抗性游戏的一种，由于用具简单，趣味性强，成为流行极为广泛的棋艺活动。

象棋起源于中国。英国著名学者李约瑟博士在其所著《中国科学文化史》中明确提出，象棋是中国人的创造。他详尽地分析了中国古代游戏"六博"与天文、象术、数学的关系，他说："只有在中国，阴阳理论的盛行促使象棋雏形的产生，带有天文性质的占卜术得以发明，继而发展成带有军事含义的一种游戏。"接着陆续有苏联学者发表文章，批驳印度起源说。1972年南斯拉夫历史学家比吉夫的专著《象棋——宇宙的象征》断定象棋首先出现在公元569年的中国（象戏），然后才逐渐传播开来。

象棋起源的传说

关于象棋的起源，在我国古代文献中有几种有趣的传说。

（1）起源于神农氏。元代僧人念常在《佛祖历代通载》中说"神农以日月星辰为象，唐相国牛僧孺用车、马、士、卒加炮代之为机矣"。

（2）起源于黄帝。北宋晁补之《广象戏格·序》说"象戏兵戏也，黄帝之战驱猛兽以为阵，象，兽之雄也，故戏兵以象戏名之"。

（3）起源于周武王代纣时。明谢肇淛《五杂俎》说"象戏，相传为周武伐纣时作，即不然，亦战国兵家者之流，盖彼时犹重车战也"。

（4）起源于战国之时。《潜确居类书》说"雍门周谓孟尝君：'足下燕居，则斗象棋，亦战国之事也。'盖战国用兵，故时人用战争之象为棋势也"。

（5）起源于北周武帝之时。《太平御览》说"周武帝造象戏"。

这些传说说明了我国古代人民创造象棋这一事实，古代做事重事轻名，常常将功记载在某个伟人名下，如黄帝、神农等，目的是使其传流久远。这对考证象棋的起源增加了很大的困难。

古代象棋种种

我国地域辽阔，在中国象棋定型以前，我国古代有许多种象戏，如六博、格五、弹棋、八八象棋、双陆象棋等。

（1）六博

《楚辞·招魂》篇中有一段叙述象棋的辞句："蓖蔽象棋，有六博兮。分曹并进，遒相迫些。成枭而牟，呼五白些。"当时的棋制是由箸、棋、局等三种道具组成。箸相当于骰子，在行棋之前要投箸；棋是放在局上行走的象形的棋子；局即为棋盘。"博棋是我国古代的一种斗巧斗智的棋戏，比赛时往往靠侥幸取胜，正如班固所说，博悬于投，不专在行，优者有不遇，劣者有侥幸，虽有雌雄，不足为凭。"

（2）格五

春秋战国时出现了一种"塞"的棋戏，汉代叫格五。其形制上与博大同小异，塞与博的区别是不用投箸行棋，在棋子和棋局上则都是一样的。塞戏的棋子，有龙与虎两种形制的棋子。汉朝连韶写的《塞赋》对这种进行了捕述：

"始作塞者……然本其规模，制作有式。四道交正，时之则也；棋有十二，律吕极也；人操厥半，六爻列也；赤白色者，分阴阳也；乍亡乍存，象（像）日月也；行必正直，合中道也；趋偶方折，礼之容也；迭往迭来，刚柔通也；周则复始，乾行健也；局平以正，坤德顺也。然则塞之为义，盛矣大矣，广矣博矣。质象于天，阴阳在焉；取则于地，刚柔分焉；施之于人，仁义载焉考之古今，王霸备焉；览其成败，为法式焉。"

（3）弹棋。

弹棋是西汉末始行的一种游戏，玩法早已失传。《西京杂记》中记载："成帝好蹴鞠，群臣以蹴鞠劳体，非至尊所宜。帝曰：'朕好之，可择似而不劳者奏之。'家君（刘向）作弹棋以献。帝大悦，赐青羔裘、紫丝履，以服朝觐焉。"弹棋在东汉、三国及唐代都十分盛行，但到了宋代，弹棋突然销声匿迹了。也许是象棋的兴起吧！古人也常为弹棋的失传而叹惜。宋代大诗人陆游的《老学庵笔记》说："吕进伯作考古图云：古弹棋局状好香炉，盖谓中隆起也。李义山诗云：玉作弹棋局，中心亦不平。今人多不能解，以进伯之说观之，则粗可见，然恨其艺之不传也。"

（4）八八象棋

公元570年，即北周武帝天和四年，我国棋坛上出了一件大事。《周书·本记》说"天和四年五月乙丑，帝制《象经》，成集百寮讲说"。《象经》在我国早已失传，但从现存王褒《象经·序》我们可以了解梗概。《象经·序》原文是这样写的"一曰天文，以观其象天，日月星辰是也；二曰地理，以法其形，水、火、木、金、土是也；三曰阴阳，以顺其本，阳数为先，本於天，阴数为后，本於地是也；四曰时令，以正其序，东方之色青，其馀三色，例亦如之是也；五曰算数，以通其变，俯仰则为天地日月星辰，变通则为水、火、木、金、土是也；六曰律吕，以宣其气，在子取未，在午取丑是也；七曰八卦，以定其位，至震取兑，至离取坎是也；八曰忠考，以悖其教，出则尽忠，入则尽孝是也；九曰君臣，以事其礼，不可以贵凌贱，直而为曲，不可以卑畏尊，隐而无犯也；十曰文武，以率其务，武修七德，文表四教是也；十一曰礼仪，以制其则，居上不骄，为下尽敬，进退有度可法是也；十二曰观德，以考其行，定而后求，求而后取，时然后言，乐然后笑是也……"从王序中我们可以判断两个问题是周武帝宁文邕所制《象经》，是根据古代塞戏演化而来的。二是"八卦以定其位"，说明了棋盘是八八六十四方格组成。

（5）宝应象棋

唐朝宝应年间出现的一样象棋，棋盘是八八六十四和黑白相间的格子组成，与现代国际象棋同。棋子有上将、辅车、天马、卒四种，棋子排列同国际象棋的排列基本相同，开局也同现代国际象棋。唐丞相牛僧孺所著《玄怪录》有两篇专述象棋的故事。唐宋间苏州古绵八八象棋盘是目前世界上发现的最古的象棋棋盘，证明我国的象棋是在自己的园地里生长起来的。

（6）大象戏、小象戏

北宋时期是我国象棋史上的大革新时代，象棋革新运动前后持续了一百六十多年，最后才定型为今日的中国象棋。由于火炮的发明，在军事战略战术上也起了新的变化，它反映到象棋中来，促进了象棋的变革。象征战斗游戏的象棋，吸收了这一新式武器，于是，炮出现在中国象棋之中。象棋棋制的革新非一日之工，在宋代民间流传有大象戏和小象戏。大象戏是相对小象戏而言，是纵横十一路的象戏。后改制为纵横十一路，棋子三十二。宋晁补之撰《广象棋图》："象棋局，纵横十一路，棋三十二，试以局纵横十九路，棋九十八广之。其新旧二法、皆与今纵十路横九路者不同。古十一路，盖兵卒相去中路三，今中二路，其第一路，炮居两旁，兵卒则居纵路之二、四、六、八、十；炮马士两敌相对，炮无架，马旁行，士不出帷幄，三者具不启衅也。"小象戏相当于我国传入日本的"九九象棋"。

中国象棋定型

北宋末年，中国象棋逐渐定型，棋盘上出现了九宫格。各种棋子的着法也与现代中国象棋相同。同时，中国象棋也由立体的棋子变成平面的棋子，正反两面，一面书汉字，另一面刻有图案。将：头戴纱帽，身穿战袍，腰挂长剑威风凛凛地坐着，"将"只能在九宫内行走。当时传朝鲜的"将"还可以走士步。士：是一位女士的形象，身穿戎装和裙子，十分威武。宋代以前的象棋没有士，宋徽宗时象棋出现了士，这与当时的宫廷生活有关。士只能守在王边，寸步不离九宫。士不能走王道，故只能斜行。象：是一只大象的形象，在唐朝的象棋谓金象将军，可能是骑在象上的将军，流传到北宋就只剩下动物象了。车：为一人推一辆独轮车，车上堆满粮食。但它的着法已改变，能进能退，战斗力特强。马：为飞马和跑马形态，象征着跳马步。炮：是一架抛石机，在大炮发明之前，抛石机顾名思义是抛石头之意。在唐宋年间战争中火炮与抛石机并用。中国象棋中有炮，这是与国际象棋的最大区别，它引起我国古象棋的大改革。卒：手持长矛，卒在"六博"中称为"五散"，每方五个。在北周和唐代都叫"六甲"，每方八个，与国际象棋同。但到大象戏和宝和象棋又改为五个卒（兵）了。

宋代的理学家程颢有一首咏象棋的诗说："大都博弈皆戏剧，象戏翻能学用兵。车马尚存周戏法，偏神兼备汉官名。中军八面将军重，河外尖斜步卒轻。却凭纹愁聊自笑，雄如刘项亦闲争。"他诗中还没提到炮，炮这兵种，是最后加入的，当然是要在中国人发明了火药火器之后，才反映在象棋上。

中国象棋发展史

中国象棋具有悠久的历史。战国时期，已经有了关于象棋的正式记载，如：《楚辞·招魂》中有"蓖蔽象棋，有六簿些；曹并进，道相迫些；成枭而牟，呼五白些。"《说苑》亦记载，雍门子周以琴见孟尝君，说："足下千乘之君也……燕则斗象棋而舞郑女。"由此可见，远在战国时代，象棋已在贵族阶层中流行开来了。据上述情况及象棋的形制推断，象棋当在周代建朝（公元前 *11* 世纪）前后产生于中国南部的氏族地区。

　　早期的象棋，棋制由棋、箸、局等三种器具组成。两方行棋，每方六子，分别为：枭、卢、雉、犊、塞（二枚）。棋子用象牙雕刻而成。箸，相当于骰子，在棋之前先要投箸。局，是一种方形的棋盘。比赛时"投六箸行六棋"，斗巧斗智，相互进攻逼迫，而制对方于死地。春秋战国时的兵制，以五人为伍，设伍长一人，共六人，当时作为军事训练的游戏，也是每方六人。由此可见，早期的象棋，是象征当时战斗的一种游戏。在这种棋制的基础上，后来又出现一种叫"塞"的棋戏，只行棋不投箸，摆脱了早期象棋中侥幸取胜的成分。

　　秦汉时期，塞戏颇为盛行，当时又称塞戏为"格五"。从湖北云梦西汉墓出土的塞戏棋盘和甘肃武威磨嘴子汉墓出土的彩绘木俑塞戏，可以映证汉代边韶《塞赋》中对塞戏形制的捕写。三国时期，象棋的形制不断地变化，并已和印度有了传播关系。至南北朝时期的北周朝代，武帝（公元561～578年在位）制《象经》，王褒写《象戏·序》，庚信写《象戏经赋》，标志着象棋形制第二次大改革的完成。

　　隋唐时期，象棋活动稳步开展，史籍上屡见记载，其中最重要的是《士礼居丛书》载《梁公九谏》中对武则天梦中下象棋频见天女的记叙和牛僧孺《玄怪录》中关于宝应元年（公元762年）岑顺梦见象棋的一段故事。结合现在能见到的北宋初期饰有"琴棋书画"四样图案，而以八格乘八格的明暗相间的棋盘来表示棋的苏州织锦，以及河南开封出土的背面绘有图形的铜质棋子，可以得到这样的结论：唐代的象棋形制，和早期的国际象棋颇多相似之处。当时象棋的流行情况，从诗文传奇中诸多记载中，都可略见一斑。而象棋谱《樗薄象戏格》三卷则可能是唐代的著作。

　　宋代是象棋广泛流行，形制大变革的时代。北宋时期，先后有司马光的《七国象戏》、尹洙的《象戏格》《棋势》、晁补之的《广象戏图》等著术问世，民间还流行"大象戏"。经过近百年的实践，象棋于北宋末定型成近代模式：*32 枚棋子，黑、红棋各有将（帅）1 个，车、马、炮、象（相）、士（仕）各 2 个，卒（兵）5 个。* 南宋时期，象棋"家喻户晓"，成为流行极为广泛的棋艺活动。李清照、刘克庄等文学家，洪遵、文天祥等政治家，都嗜好下象棋。宫廷设的"棋待诏"中，象棋手占一半以上。民间有称为"棋师"的专业者和专制象棋子和象棋盘的手工业者。南宋还出现了洪迈的《棋经论》、叶茂卿的《象棋神机集》、陈元靓的《事林广记》等多种象棋著述。

元明清时期，象棋继续在民间流行，技术水平不断得以提高，出现了多部总结性的理论专著，其中最为重要的有《梦入神机》《金鹏十八变》《橘中秘》《适情雅趣》《梅花谱》《竹香斋象棋谱》等。杨慎、唐寅、郎英、罗颀、袁枚等文人学者都爱好下棋，大批著名棋手的涌现，显示了象棋受到社会各阶层民众喜爱的状况。

中华人民共和国成立之后，象棋进入了一个崭新的发展阶段。*1956* 年，象棋成为国家体育项目。以后，几乎每年都举行全国性的比赛。*1962* 年成立了中华全国体育总会的下属组织——中国象棋协会，各地相应建立了下属协会机构。近 *60* 多年来，由于群众性棋类活动和比赛的推动，象棋棋艺水平提高得很快，优秀棋手不断涌现，其中以杨官璘、胡荣华、柳大华、赵国荣、李来群、吕钦、许银川、王天一等最为著名。

世界上的四大棋类（围棋、中国象棋、国际象棋、将棋）都与本国家的政治制度有关。象棋所反应的政治制度是中国的封建社会，而且几乎是缩影——有中军帐（九宫）、士位（士、仕）、文官（中国象棋的象、相，不许过河）、武将（车、马、炮）、士兵（兵、卒）。

象棋的外传

（*1*）向日本、朝鲜等国传播

日本将棋是中国象棋传入后经改变后形成的。我国北宋民间流传的大象戏在日本康治元年传入日本。日本现在流行的中将棋，它是在小将棋的基础稍加改进而成的。

朝鲜是我国友好邻邦，历代联系都很密切。朝鲜流行的象棋与我国近代象棋很相近。谢侠逊《烂柯丛话·外编》比较朝鲜象棋与我国象棋的差异有四处：①将帅照我国着法限定进退九宫内，尚可照士之走法。②未开局之前，象马二处地位亦互相对易。③象可照田字角过河。④炮不能去炮，如隔子打子，当中隔一炮亦不能发生打子及照将之效力。

（2）东南亚各国的象棋

越南的棋制与中国象棋一样，不论是越南人还是中国旅越侨民，对中国象棋都非常爱好，经常举行一定规模的中国象棋比赛。

缅甸出土的象棋，颇类我国唐代的"八八象棋"。现代中国象棋在缅甸很是流行，尤其是在华侨之中，爱好者甚多。

中国象棋在东南亚各国十分盛行，抗日战争时期，谢侠逊曾两次访问东南亚各国，以棋会友，宣传抗日精神。

（3）蒙古象棋

蒙古象棋是我国唐代八八象棋传入后形成的。蒙古象棋仍保留我国另一种古象棋的面目世代相传下来了。

中国象棋与国际象棋的区别

中国象棋与国际象棋属于同一棋种，不同形制。象棋的根源于中国。国际象棋何时从中国传出现已无从考证。国际象棋定型较中国象棋晚五百余年，国际象棋的形成过程无疑是受中国象棋的影响。举几个例子来说明一下。

（1）国际象棋的棋盘是黑白相间，由 $8 \times 8 = 64$ 个方格组成，我国早在唐宋之际已盛行黑白相间八八象棋棋局，这说明近代国际象棋盘是受了我国象棋的影响。

（2）相传印度古象棋无皇后，皇后是近代象棋的新产物，然而我国象棋中的仕，即宫女，比国际象棋的后要早若干年，这说明国际象棋的皇后似受我国仕的影响。

（3）近代国际象棋车的形象是炮台，然而我国北宋时代的"大象戏"车和炮二子是并列在两边，近代国际象棋的炮台即为车炮的混合体。

（4）中国象棋与国际象棋棋子活动区域不同，前者在交叉点上活动，后者在格内活动。蒙古象棋与国际象棋的棋制十分相似，这两个棋存在不可分割的密切联系。我国唐末和北宋的八八象棋也是有八个兵，形同蒙古象棋。

中国象棋与国际象棋现存很大差别。这差别表现在棋盘，棋子名称及功用上。

（1）棋盘：国际象棋的棋盘是由 $8×8=64$ 个黑白方格组成的正方形。国际象棋棋盘是左右不对称结构。中国象棋的棋盘是由九条纵线、十条横线组成，棋盘中间有界河，并有两个九宫格。中国象棋棋盘是前后左右对称结构。

（2）布子：在开局之前，国际象棋与中国象棋棋子按放的位置不同。中国象棋棋子放在规定的交叉点上。国际象棋则放在靠边的两行方格之中。

（3）棋子：中国象棋的棋子共 *32* 枚，由一个将、两士（仕）、两象（相）、两马、两车、两炮、五个兵组成。国际象棋也是 *32* 枚，由一王、一后、双象、双马、双车和八个兵组成。国际象棋每个棋子都可以进攻，而中国象棋的士和象不能过河，主要功能是防守。下面比较下国际象棋与中国象棋棋子着法的差别。

将和王：中国象棋的将，行走不离九宫，在残局中，将可以控制主线，达到助攻的目的。国际象棋的王可以全盘行走，走法可直行、横行、斜行一格。在战斗中可以参加战斗。此外还有王车易位的特殊走法。

后和士：国际象棋的后，可以直行、斜行、横行，即它兼有象和车的双重着法，因此，它是威力最大的棋子。中国象棋士主要功能是防守保护王方将帅，当然，也可以作为炮架助攻。

象：中国象棋的象走田字角，并有塞象眼的规定，主要是防守功能。国际象棋的象只能斜行，因为象的自然位置是确定在黑格和白格之中，所以，两象的功能是不同控制地域，即白格象和黑格象之分。

马：中国象棋和国际象棋都有马，着法相似，但国际象棋的马无绊脚的限制，因而有更大的机动灵活性。

车：中国象棋和国际象棋的车着法相同，布局位置也相同。但国际象棋因有威力强大的后和象，车的价值没有中国象棋的车的价值大。

炮：中国象棋的炮是中国象棋的特点之一。这是国际象棋没有的棋子。因此，可以说没有炮就没有现代中国象棋。

卒与兵：中国象棋为五兵，国际象棋有八兵。中国象棋的兵与国际象棋的兵的相同之处是只能前进不能后退，不同之处就多了。中国象棋的兵过河后，可以直行前进，也可以横走，因此其灵活性大。小兵走到底就失去了进攻价值，因此，停留在高处的老爷兵（高兵）最有用处。国际象棋的兵只能直行，每个兵第一步可以走两格，走动后每次只能前进一格，兵吃子是斜行前方一格。兵走到底后可以升变为后或其他重要棋子。

（4）规则：中国象棋和国际象棋的行棋也有较大的差别。中国象棋有将帅不能照面的规定，国际象棋则没有。国际象棋如王被困死，而又无棋可走时，则判为和棋，中国象棋则判为负。

还有一种猜想：

在我国蒙古族中流行一种"八八象棋"，与唐末北宋初年的象棋类似。清朝叶名澧在《桥西杂记》说这种象棋是"局纵横九线，六十四罫（方格子），棋各十六枚：八卒、二车、二马、二象、一炮、一将……将居中之右，炮居中之左，车、马、象左右列，卒横于前，棋局无河界，满局可行……其棋形而不字，将刻塔，崇象教也。象改驼或熊，迤北无象也。卒直行一卦至底……，斜角食敌之在前者，去而复返，用同于车……马横行六罫，驼横行九罫。……车行直线，进退自由。群子还击一塔，无路可出，始为败北。"这种古蒙古象棋与现在国际象棋有许多相似之处。所不同的是炮和塔，变为后与王。蒙古族是我国北方的民族之一，12世纪末才由铁木真逐渐统一各部落，建立了蒙古国。蒙古版图曾经扩张到了欧洲，现在苏联莫斯科、匈牙利等在一个时期曾由蒙古大军统治着。我们可以想象，蒙古大军将蒙古象棋带到了欧洲一些国家，后来经几百年的演变成今天这个样子。当然这仅仅是猜测而已。

2. 象棋的棋子

中国象棋分红黑两方，双方各有16个棋子，兵种一样。红方是帅、仕、相、马、车、炮、兵；黑方是将、士、象、马、车、炮、卒。红方的帅、仕相、兵相当于黑方的将、士、象、卒，只是写法上根据历史形成的习惯有所区别。

3. 象棋的棋盘

棋盘由九条平行的竖线和十条平得的横线组成，棋子放在交叉点上，两端中部有斜交线的地方叫作"九宫"，王和士只能在九宫内走动。中间没有竖线划通的地方叫作河界，五个兵（卒）所在的横线一般称为"兵线"（或兵行线、兵林线等）。

4. 象棋常用术语

初学象棋者掌握一些基本的象棋术语，对阅读象棋书本及观看象棋比赛都有一些好处和方便之处。因此，初学象棋者要了解一些惯用的象棋术语。

将 军

对局中，一方的棋子要在下一着棋把对方的将（帅）吃掉称之为"将军"或"照将"，简称"将"。

应 将

被"将军"的一方所采取的反击、躲避或防卫的着法为应将。应将的方法有。

（1）吃掉对方进行"将军"的棋子。

（2）把帅（将）从危险地转移到安全地带。

（3）用自己的棋子置于对方"将军"的棋子和自己帅（将）之间，俗称"垫将"。

（4）遇到对方炮"将军"时，除以上"应将"办法外，还可以把己方被当作炮架子的棋子撤开。如遇马"将军"时，还可以巧妙地用自己的棋子蹩住马腿，使之欲"将"不能。

将 死

如果被"将军"而无法"应将"，就算"将死"。

困 毙

轮到走棋的一方，帅（将）虽然没有被"将军"，却被禁在一个位置上无路可走，同时己方其他棋子也无路可走，就算被"困毙"。

胜

对局时，一方出现下列情况之一，就算输棋，对方得胜。

（1）帅（将）被对方"将死"。

（2）被"困毙"。

（3）自己宣布认输。

和

对局时，出现下列情况之一的，就算和棋。

（1）在理论上，双方均无取得胜利的可能。

（2）一方走山自己轮走的一着棋之后，提出议和的建议，对方同意此建议的。

（3）双方走棋出现3次循环反复，并符合"不变作和"的有关规定，又均不愿变着时。

河界线

构成河界的2条横线即为"河界线"。

巡　河

下棋时，己方的棋子，（多指炮和车）在己方界线上巡戈，称为"巡河"。

骑　河

下棋时，一方棋子在对方"河界线"上时，称为"骑河"。

中　线

棋盘中第5条竖线。通常用"五"（红方）或"5"（黑方）来代表，中线通常被称为帅（将）的生命线，亦为双方必争的战略要地。

肋　道

棋盘中第四、第六两条竖线。通常用"四""六"（红方）或"4""6"（黑方）来代表。因在中线将（帅）位左右，形似人的两肋，故称"肋道"。

兵行线

也称"卒林线"。棋盘中"河界线"下面的第一条横线，兵、卒就摆在这条线上，故命之为"兵行线""卒林线"。

宫顶线

棋盘中"河界线"下面的第2条横线。它是"九宫"的最上层线，所以叫它为"宫顶线"。

底　线

棋盘两端的第一条横线。

对　局

双方下棋称"对局"，亦叫"对弈"。

全　局

指对局的全部过程。包括"开局""中局""残局"3 个阶段。

局　面

指对局中某一时期双方棋子分布的状态。一般包括"先手""后手""优势""平稳""对攻""复杂""均势"等。

起　着

开局第一着。

胜　势

对局中，局势已很明显，胜负一方基本上可以作出确定，胜券在握的一方称"胜势"。

胜　定

对局中，一方多子并占优势，另一方少子，又处于劣势，且无反攻的机会，胜负大局已定。其多子并占优势的一方称此棋局为"胜定。"

绝　杀

对局中，一方下一着要将死对方，而对方又无力回天，称"绝杀"。

羊角士

把士支在九宫上角，称"羊角士"，是一种防守的方法。

花士象

或花仕相。指对局中双士象或双仕相，在中线联防时左右分开的一种形式。

单缺士（仕）

对局中，象（相）全而士（仕）只剩一个时，称"单缺士（仕）"。

单缺象（相）

对局中，士（仕）全而象（相）只剩一个时，称"单缺象（相）"。

高兵（卒）、低兵（卒）、底兵（卒）

兵（卒）过河界后，进入对方第2条横线（"卒林线"或"兵行线"）时，称为"高兵（卒）"，进入对方第三、四条横线时，称为"低兵（卒）"，到达对方底线的兵（卒），称为"底兵（卒）"，又称"老兵（卒）"。

禁止着法

对局中，凡是单方面走出的"长打"，包括"长将""长杀""长捉"等，称为"禁止着法"。

允许着法

对局中，凡是单方面走出的"长兑""长献""长拦""长跟""一打一闲""二闲"等，统称为"允许着法"。

闲　着

也称"停着"。一种适宜于对局相持阶段的着法。走子的目的不是为了攻击对方，而在于观其变，再相机而动。因不是连续威胁对方，属允许着法。

等　着

属于对局相持阶段的着法。目的在于等待时机。性质与"闲着"差不多，但比"闲着"略为积极一些。

空　着

也称"废棋"。指对局中一方走出的棋步对局势毫无影响。结果不仅损失了一步棋的时机，有时还会因这一步之差而全盘皆输。

5. 象棋的胜、负、和

国家体委审定的《中国象棋竞赛规则1984》（试行稿）中，关于胜负有八条规定，这里只谈与平时对弈关系密切的前两条。

对局中出现下列情况就称"输棋"，对方得胜。

（1）将（帅）被对方"将死"。

（2）被困毙。另外，中国象棋还有一条特殊规定：将、帅在同一直线上时，不允许中间没有棋子隔着，即将、帅不能直接对面。很多杀法都要利用到这条规则。

象棋的先手与后手所谓先手是象棋的术语。有二义。

（1）也称"先走"，开局时的先走者。

（2）也称"得先"，棋局形势中的主动者。反之为后手。

6. 象棋棋步记录

初学者如果要使自己的棋艺得到进一步的提高，除了要懂得棋规外，还要懂得棋步记录的知识。因为棋谱是以记录法表达的，若参加象棋比赛，亦要求棋手自己做记录，这样也便于对弈结束后根据记录分析局法得失，汲取经验教训。

上一节已说过，棋子分红、黑双方，红方棋子有帅、双车、双马、双炮、双相、双仕、五兵等7兵种16枚，黑方棋子也相应地有将、双车、双马、双炮、双象、双士、五卒等7兵种16枚。全盘共32枚棋子，都置于交叉点上对垒。

记录棋步时，每一着棋用4个字来表达。

第一个字，是棋子兵种的名称。所要注意的是红黑方的差别。

第二个字，是棋子所在纵线的数码。注意红黑双方关于纵线数码的捕述是有不同规定的。红方从右到左用中文数字一到九表示，黑方从自己的右到左用阿拉伯数字1到9表示。

第三个字，是棋子运动的方向，如进、退、平等。

第四个字的含义因棋子兵种的不同而有所差别，对于帅（将）、车、炮（炮）、兵（卒）来说是指进退的步数或平移到达纵线的数码。对于马、相（象）、仕（士）而言，则指进退到达纵线的数码。其中所谓进退都是站在自己这方角度判断的。

例如："炮二平五"，是指红炮从第二纵线平移到第五纵线；"车二进六"表示第二纵线的红车前进六步。如果第二纵线有两只车，则需注明前车或后车；"马8进7"是指黑马从第8纵线前进到第7纵线。

比赛时，按照规则，红方先行，接着黑方再动，双方各走一着构成一个回合，记录时要在着法前面标出回合数。

象棋的棋规与记录方法就是这样的，你可以按照这些规则，摆好棋分别替红黑双方走棋。

这是我国现存最早的一个全局谱，载于宋代《事林广记》内，名为"饶先顺炮取胜局"，着法如下：

（1）炮二平五　炮8平5　　　（2）马二进三　马8进7
（3）车一平二　马2进3　　　（4）车二进六　卒3进1
（5）车二平三　马3进4　　　（6）车三退一　马4进6
（7）兵三进一　象7进9　　　（8）车三平七　马6进4
（9）车七平六　马4进3

棋谱到此为止，黑胜定。现在你可以把所演成的棋局与该棋谱图比较，如果完全一致，就说明你做对了。如果不一致，就要开始检查每一步棋，找到错处，查明原因，提高见识。

7. 象棋理论的形成

象棋理论是从无数次对局的实践经验中提炼出来的精华，从局部的对局经验提升到较为完整的象棋理论，这是从感性到理性的一个飞跃。象棋理论包括战略理论和战术理论。战略理论上中国象棋与国际象棋有许多相似之处。战术理论中国象棋与国际象棋因形制的不同存在较大的差异，但战略理论的基石是建立在战术理论之上的。

　　我国象棋理论在南宋初就已形成，南宋的"象棋诗"比较简单地说明了象棋战略和战术的重要性。"得子得先名得子，得子失先却是输，车前马后须相应，炮进应须要补车。"稍后又出现了"象棋十诀"：一不得贪胜，二入界宜缓，三攻彼顾我，四弃子争先，五舍小就大，六逢危须弃，七慎勿欲速，八动须相应，九彼强自保，十我弱取和。这十句口诀是着象棋的格言，也是历代棋手倍加推崇的。"象棋十诀"概括了弈棋的精髓、得胜的关键，是象棋战略思想的体现。"象棋十诀"是通过"围棋十诀"稍加改动而来的。它对于象棋的指导有不可估量的价值。

　　现代象棋理论把象棋全局分为开局、中局和残局三个阶段进行研究，这样的理论研究就深入多了。开局阶段首先需要把棋子调动出来并分布到重要的位置上去，完成子力的动员布置，为中局奠定基础，此时，双方斗争表现为争取战略要点，控制要道，威胁对方子力，掌握棋局的主动权。开局阶段子多路繁，倘若布下陷阱，往往不易被对方察觉，能收到出奇制胜的效果。巧妙的陷阱并非故意造作，而是在对弈过程中顺理成章，诱惑对方上当。开局陷阱的作用可以说明开局的重要性，但并不是所有的开局都会出现明显的陷阱，因而还应该在一般意义上探讨开局对全盘的影响问题。首先从战略目标来看，一盘棋贯穿始终的基本战略思想：立于不败之地去争取胜利。为此，在开局、中局、残局三个阶段应有不同程度的战略要求。一般来说，开局是战斗的动员部署，其战略要求主要是取得先手；中局是战斗的展开与高潮，在得先的基础上要求占取优势；到残局，为战斗的尾声或结束，在得势的基础上要求夺取最后的胜利。处于劣势的一方则希望谋和。现代著名象棋理论家黄少龙先生编著《象棋开局战理》对开局的基本原理，结合典型局例，阐明战略原则，突出现代战术特点，进行了较深入的研究。

　　中局处于开局与残局之间，是一盘棋里相当长而又非常重要的阶段。当双方强子已经活跃，布置阵势基本就绪，矛盾冲突全面展开，棋路趋于复杂多变时，棋战就从开局过渡到了中局阶段。中局已不仅仅是争夺先手的问题，已经获得先手的一方，要进一步扩大先手取得优势；处在后手的一方，则力图反先，而且，不能满足于反先，还要进一步夺取优势，这也说明了中局的战略目标是得势。怎样才能得势呢？势是双方力量对比的综合概念，它由两个因素组成。一个是先手，一个是子力。先是指眼前的主动权，如果先手不扩大到一定程度，还不能构成优势。至于得先又得子，那就是很大的优势了。另外还可以用弃子手段换取优势，使局面演变下去能追回失子或直接取胜。所以掌握先手的一方为了取得优势，通常是从扩先与得子两方面入手。单纯的得子并不等于获得优势，只有在不失先的情况下才能构成优势。

　　残局阶段，双方所剩子力不多，优势、均势的情况十分明朗。处于优势的一方则主要加强攻势，迅速夺取胜利。处于劣势的一方，则加强防卫，争取和棋。

8. 象棋的规则

　　（1）不允许单方面长捉对方无子保护的棋子。这里指的"棋子"，是除了未过河的车、兵（卒）以外的所有兵种；另外，还特许卒兵和将帅长捉对方的子。

　　（2）任何情况下都不允许单方面的长将（兵卒虽然可以长捉子，但也不能长将）。

9. 象棋的基本战术

　　中局是全局的一个关键阶段，它对一局棋的胜负起到了决定性的作用。中局战术是象棋战术的核心内容。在中局阶段有效的利用战术手段可以化解对方的攻势，扩大自己的优势，为最后的胜利奠定基础。在运用中局战术手段之前，首先要注意下面三个问题。

一是审局度势，判断双方局势的优劣得失，寻找决定全局胜败的要着。

二是中局以战略思想争先夺势为上。

三是讲求战术手段，在中局战斗中，争先、得子、取势都是通过各种具体的战术手段来达此目的的。对局中要灵活运用各种战术手段，乃至对一兵一卒的取舍都不能忽视。

中局战术手段是组织运用各种子力，进行某一局部上的战斗方法和技巧。

中局战斗目的是要取得直接的战斗成果，即占先、得子、得势，或者直接构成杀势取胜。

兑子：是常用的战术手段，它是对局中双方的相同兵种的棋子或不同兵种的棋子之间进行子力上的等价交换。实战中，兑子作为一种战术手段有其战术目的，如通过兑子达到争先占优、简比局面、解危脱困等意图。

捉双：它常指"一石二鸟"，力图达到得子占优的一种基础战术。在对局中要想走一着棋马上就捉双，一般是不可能的，而必须临局及时抓住对方子力配备不当的弱点，与其他战术配合达到攻子捉双子的目的。

紧逼：在有先手攻势的情况下，及时调运子力，步步捉吃敌子或叫杀其将，迫使对方无法摆脱困境而就范。紧逼战术的直接目的主要是谋子占优和厮杀取胜。在着法上，紧逼战术一般都具有步步紧扣，一气呵成的特点。

牵制：运用自己的子力束缚住对方的子力，使之无法或不能随意活动，从而为己方谋子或抢先夺势创造条件，这就是牵制战术。牵制战术的手段或类型较多，其基本特点是以少困多，有以弱制强的战术效果。

运子：是根据棋势的需要，将棋子做最有效的调动，最大限度地发挥作用，为争先夺势，或取胜、谋和创造条件。运子比较注重畅通棋路，活动子力，抢占要点，着法多含蓄有力。

弃子：在对局中一方有计划地主动舍弃一子，然后运用一系列战术组合手段，步步紧逼，迫使对方被动应着，从而达到或争先取势、或夺子占优、或攻杀取胜的目的，这就叫弃子战术。这是象棋对局中极为重要的一个基本战术，在实践中其形式、手段是多种多样的，并常常与其他战术组合在一起运用。弃子战术如运用得当，常能抓住战机迅速入局取胜。有时在劣势中采用它，还有可能反败为胜和谋求和局。

10. 象棋车的走法

车的威力最大，可以横走，也可走直走，而且距离不限，进退自如。在走的方向上如果有对方棋子阻挡，就可以吃掉它。

11. 象棋炮的走法

炮的走法和车一样。炮吃子时必须隔一个棋子（自己和对方的棋子都可以）跳吃，即俗称"炮打隔子"。

12. 象棋马的走法

马的走法，俗称"马走斜日"，因为它走后的位置与原来的位置恰成一个日字。但它有一个特别的规定——蹩足（或叫蹩马腿），即在紧挨着它前进方向上，如果有一个棋子（不管是自己还是对方的），它就不能向那个方向走。

13. 象棋将帅的走法

将、帅只能在自己的九宫内横走或直走一步。

14. 象棋士的走法

士只能在自己九宫内斜行一步。

15. 象棋象（相）的走法

象的走法，俗称"象飞田"，因为它走后的位置与原来的位置恰是一个田字的对角线两端，但是不能走过河界去。另外，象的走法还有一种，叫"象心"（有的地方又叫"象心"为"象眼"或"象腰"）。这就是：在田字的中间交点处如果有一个棋子，它就不能向那里走。

16. 象棋卒（兵）的走法

卒（兵）的走法是：未过河界前只能向前进一步，不能横走或后退；过了河界的卒（兵）可以前进一步，也可以横着平走一步，但不能后退。

17. 象棋的布局

　　象棋的布局又常称为"开局"，是双方进入战斗前的准备阶段。好比在战斗中，战斗前要先挖好堑壕，配好兵力和火力一样。下棋的布局也就是布置兵力以利于进攻或防守。到底布局阶段有多长，什么情况才算结束，却不是每局棋都那么清楚的。短的，可能只有四五个回合（一个回合指双方各走一着）；长的，有时走了十多个回合，双方都还在各自的阵地布置。一般情况下，在十个回合左右。

18. 象棋布局的要求

　　一要各子能互相连络配合；二要迅速出动强子（主要指车）或要使强子容易出动，俗话说："三步不出车，满盘皆是输"。这话有点片面，但也说明出车的重要性；三要考虑全面，不要使一个棋子走动过多。

第三节　国际象棋

1. 国际象棋的棋盘

　　国际象棋棋盘为正方形，由64个深浅两色的方格交错排列组成。下棋时必须把棋盘黑格的一角放在自己的左侧。棋盘上由对局一方到另一方竖直的各行称为直线，从左到右有 a、b、c、d、e、f、g、h 等八个小拉丁字母表示；和直线垂直相交的各行称为横线，从白方到黑方1到8共八个阿拉拍数字表示；64个方格各用1个拉丁字母加上阿拉伯数字表示。棋盘上由同色的小方格斜角相连而成的长短不一的各行称为斜线，用首尾两个格子的坐标来表示，就称为"a1-h8斜线"。

　　按照"王"和"后"在棋盘上的原始位置，由 a、b、c、d 四条直线组成的地盘称为"后翼"，由 e、f、g、h 四条直线组成的地盘称为"王翼"。其中 d、e 两条直线称为"中路"，a、h 两条直线称为"边线"。由 d4、d5、e4、e5 四格所组成的区域称为"中心"，再加上邻近的一圈格子，即 c3、c4、c5、c6、d6、e6、f6、f5、f4、f3、e3、d3 等12个格子，称为"扩展的中心"。

2. 国际象棋的棋子

　　国际象棋共有32个棋子，分为两方：浅色的棋子为白棋、深色的棋子为黑棋。每方各拥有一王、一后、二车、二象、二马、八兵共6兵种16个棋子。

国际象棋棋子摆放在棋盘的方格内，按照坐标记录法应记为：

白方：王 e1，后 d1，象 c1 和 f1，马 b1 和 g1，车 a1 和 h1，兵 a2、b2、c2、d2、e2、f2、g2、h2。

黑方：王 e8，后 d8，象 c8 和 f8，马 b8 和 g8，车 a8 和 h8，兵 a7、b7、c7、d7、e7、f7、g7、h7。

棋子有立体式的和平面式的两种。

3. 国际象棋的走法

下棋时，由双方轮流走棋，每次各走一着。由白方开始对局。白方走一着后，黑方也应走一着，称为一个回合。

除"王车易位"外，一个棋子从一格走到另一格，均为一着。如果走到的格子有对方棋子占据，就要把对方棋子立即从棋盘上拿掉，这称为"吃子"。

除了参加"王车易位"的车，以及马外，任何棋子不能跳过被其他棋子占住的格子。和中国象棋不同的是：各种棋子都可以在整个棋盘范围内行动，没有限制。

各种棋手的走法如下：

（1）王：横、直、斜都可以走，除"王车易位"外，可以走到未被对方棋子的火力所控制的任何相邻格子。

（2）后：可以走到它所在的直线、横线、斜线上的任何格子。

（3）象：可以走到它所在斜线上的任何格子。

（4）马：和中国象棋的马相似，走"日"字形，即先沿直线或横线走一格，再沿斜线走一格，它不蹩腿。

（5）车：可以走到所在直线和横线上的任何格子，和中国象棋的车完全一样。

（6）兵：只能向前走。它从原始位置可以沿所在直线前走一格或两格，以后每着沿直线前走一格，接下去就只能一格一格走了。但是必须注意：只有在所到达格子没有棋子占据的情况下，处于原始位置的兵才能够行使一步走两格的权利，如果双方各一只兵在直线处于对顶状态，那么除了有吃子机会外，它们是无法动弹的。

有关兵的特殊规定还有：

（1）升变：兵一旦到达底线（对于白方是第8横线，对于黑方是第1横线），必须立即升变为自己的后、车、象、马中的一种，作为一着棋。变什么棋子由升变一方的棋手自己决定，升变后出现的新棋子，立即具备那个棋子的特性。

（2）吃过路兵：当一只兵攻击着对方兵从原始位置一步走两格所经过的格子时，可以把对方兵走两格当作走一格而吃掉它，这叫作"吃过路兵"，但必须在对方走后立即吃，不然"吃过路兵"的权利就自行消失了。

4. 国际象棋的王车易位

一局棋中，双方各有一次权利，使自己的王和车同时走动，而只算走了一着棋，这叫作"王车易位"。走法是：王向参加易位的车的方向横移两格，然后车越过王放置位和王相邻的横格。

王车易位时，如果王和后翼的车易位，称为"长距离易位"，简称"长易位"；如果王和王翼的车易位，称为"短距离易位"，简称"短易位"。

在下列情况中，暂时不能易位。

（1）王正被对方棋子叫吃；

（2）王易位经过的格子正受对方攻击；

（3）易位后，王到达的格子正受对方棋子攻击；

（4）王和准备用来易位的那只车之间还有别的棋子。

当然，在上述情况消失，而车和王又没有走动过的前提下，就能够行使易位权利了。

这里必须注意，走王车易位时，要求先走动王，如果棋手先碰了车，那么是违反规定的，尽管易位可算有效，如果一方在易位时同时碰了王和车，然后才发现易位不合规则，就必须把王和车放回原处，再走王，如果王没有合乎规则的着法，才可以走别的棋子；而在一方易位时只碰了车，然后才发现易位不合规则的情况下，他就必须走车了。

5. 国际象棋的胜负

用棋子攻击到对方的王，即在下一步就要吃掉对方的王，称为"将军""照将""打将"等，简称"将"。其中又可区分出下面几种。

（1）闪将：一个棋子走开，让另一个棋子将军称作"闪将"。

（2）抽将：一方的棋子，在起到又将军又吃子的双重作用时，称作"抽将"。

（3）双将：两个棋子同时"将"着对方的王，叫作"双将"。

被"将军"的一方必须采取措施保卫王，这叫作"应将"。被"将军"时不"应将"是不许可的，因为王的生死关系到对局的胜败。如果一方被"将军"时无法"应将"，那么就算被"将死"，棋就下输了。

应将的办法有 3 种。

（1）用自己的棋子，包括王本身，吃掉对方进行"将军"的棋子；

（2）把王走到不受对方棋子攻击的格子，称为"避将"；

（3）走动自己除王外的任何棋子，到对方"将军"的棋子和自己的王之间，用以阻隔、遮拦，称为"遮将"或"垫将"。

这里要注意到：如果对方"双将"，那么只能应以"避将"。此外，对方用马或者兵"打将"就不可能"垫将"了。

判定胜负的规则有：将死对方王的一方获胜；对方认输的一方获胜；对方超过比赛规定的走棋时限的一方获胜。

6. 国际象棋的和棋

国际象棋中有关"和棋"的规定较为复杂。出现下列几种情况，对局结果为和棋。

（1）一方走出自己轮走的一着棋后，提议作和，对方同意。但一般情况下，一方不能连续提和，只允许双方交替提和。

（2）走棋者的王未受到照将，但它不能走出任何合乎规则的着法，称为"无子可动"或"逼和"。轮到黑方走棋，黑象和黑王都无法走动，形成"逼和"。

（3）双方所剩兵力，都不能"将死"对方，如：双方都剩王；或一方剩王，另一方剩王和单马或王和单象；或双方都剩王和单象，两只象又是同色格象。

在王和单象对王和单象，但两只象不同格和王双马对孤王的情况下，要不出现"送死"的败着，也是和棋。

（4）一方连续不断地"将军"，而对方又无法避免被"将军"，称为"长将"，算为和棋。由于白方马上有后 b7 做杀的取胜手段，黑方就只有不停地用后在 h4 位 e1 位打将求和了。此外，长捉、长拦、长兑等也算和棋。

（5）在对局中同一局面（指同种同色的棋子都在同样的位置，所有棋子可能的着法也都相同）连续或间断出现三次或三次以上，并且每次都轮到同一方走棋，那么走棋方可以向裁判提出"三次局面重复"，如裁判审查如实，就可作为和棋。这有两种情况：第一种轮到走棋的一方看到自己走出一着棋后，将出现三次或三次以上的重复局面。他就不走出这一着棋，而向裁判提出。第二种一方发觉对方走出一着棋后，局面已重复出现三次以上，即可不走应着，要求裁判员停止对局进行审查。

（6）对局者证实，至少在50回合中，双方没有吃过任何一子也没有走动任何一兵，那么就可判此棋为和棋。这里要注意两点：第一点，双方无论采取什么续着，都不会将死对方；第二点，某些特定的局面，如王双马对王兵残局中的某些阵势，需要规定大于50回合的限制着数。

7. 国际象棋棋子实力评定

国际象棋中各类棋子的力量，比起中国象棋里各对应的棋子，力量有很大增强。如：后拥有巨大实力，王和象能通盘作战，小兵有升变的机会等；再加上国际象棋的活动地域仅为64个方格，较之中国象棋的90个交叉点少，导致国际象棋棋盘上每个方格承受的火力非常密集；此外，国际象棋中判"无子可动"为"逼和"，导致了在残局中，一方孤王可以守和对方王、马，王、象，甚至王，双马，王、象、兵等。这些因素使得各类棋子的力量，在不同的阵势中，有相当大的变化，要准确地评定它们的实力，就较为困难了。

习惯上把一局棋的对弈过程划分为开局、中局、残局三个阶段（当然也有很多对局早在前两个阶段就结束了），三个阶段各有不同的阵形特点和战斗方式，各类棋所发挥的作用也就大有差异。

在国际象棋中，依据战斗力的大小，把马和象称为"轻子"，把后和车称为"重子"。又依据不同的火力特点，把后、车、象等称为"长兵器"，把马、兵、王等称为"短兵器"。有中国象棋基础好的初学者们，对于长兵器中具有斜线火力的兵和象，是陌生的。要有效地减少失着、误着，提高对局质量，就需要尽快地树立起对"斜线威胁"的敏感性。

8.国际象棋的车

国际象棋的车不论在棋盘上的位置如何，它都能够控制一条直线和一条横线，共 14 个格子。这仅次于后的火力。但是应该看到：由于国际象棋活动地域较小，火力密集程度大，尤其在开局阶段，车的行动易于受到兵和马、象等的火力限制，这一点在对局中很容易体会到。

9.国际象棋的马

国际象棋中的马，和中国象棋里的马相比较，作用相应增强，是由于下面几个因素。

（1）不蹩腿；

（2）活动地域有 64 个格子，机动性加大；

（3）容易弈成犬牙交错的封闭棋势，这时，棋子中唯一具有跨越其他棋子能力的马，灵活性能得到充分的发挥；

（4）由于国际象棋棋盘上火力密集，使得被称为"轻子"的比较廉宜的马，使用场合更多。不过另一方面，下到残局，一般情况下王双马也不能杀死对方孤王，这时候再作比较，中国象棋里的马就反而显得有力了。

马还有这样一种特性，即它不能同时攻击位于不同色格的对方棋子。马也是棋中唯一能在威胁对方后的同时不被对方后反威胁的棋子。

10. 国际象棋的象

象是具有"斜线火力"的轻子。象分为两种：一种称为白格象，只能在白格里活动；一种称作黑格象，只能在黑格里活动。

双象所发挥出的力量，完全是两样的，实践告诉我们，双象优势的发挥，取决于局面的是否开放，或是否能够运用战术手段使其开放。在封闭的阵形中，双象的射程受阻，活动不便，就根本谈不上优势了。因此，在面临是否保留双象的几种选择时，应该联系盘面的具体特点来作出决定。

11. 国际象棋的后

后集车和象的性能于一身，其火力最大限度发挥时，能够控制棋盘上 27 个格子，是全军战斗力最强的棋子。

在战斗最激烈的中局阶段，后自然扮演着举足轻重的角色，后常和其他棋子配合，将杀敌王，赢取棋局，后还是谋求和棋的一方用作"长将"的最好兵器。

12. 国际象棋的兵

兵的价值不高，只相当于马或者象的三分之一，后的九分之一。但是，兵在对局中却起着非常重要的作用。

以国际象棋的兵和中国象棋的兵相比较，除了走法不同外，还有非常重要的两点：一是数量多了三只，二是兵进到底线能够升变。这使得国际象棋的兵在棋战中显得更加重要。由于国际象棋的原始阵形是双方人马集聚于边线，中部有广阔的活动空间，因此对局一开始抢占中心地域就势在必行。而兵数量既多，价值又廉宜，还具有稳定性，自然而然在这场竞争中扮演着重要角色。进入中局后，对弱兵的攻和守，往往关系到一局棋的胜败。在局部短兵相接的战斗中，兵更是前仆后继的勇士，在对敌方王城发动的袭击中，常常会看到兵那种大胆猛进、视死如归的无畏形象。相持到残局，兵由于拥有升变的潜力而成为决定性的因素。初学者应该慎重布兵、兑兵，必须克服随手动兵、丢兵的毛病。

13. 国际象棋的王

王系棋局的胜败于一身，是价值最高的棋子。王本身也具有相当的战斗力，它的火力集中，在最大限度发挥时，能够控制相邻的 8 个格子。在开局和中局阶段，王总是被放在由兵阵和其他兵力组成的屏障后面，严密地加以保护；但是到残局，双方可用的兵力已经很少了，王就必须出战。在残局中充分发挥王的力量具有非常重要的意义。

14. 国际象棋要注重物质力量的对比

弈棋是智力的搏斗，这场搏斗集中体现在双方战斗计划的互相制约上。谁的战斗计划和客观局面的发展相符合，谁就能在这场搏斗中取胜。

由于小兵力具有升变的能力，所以在形势相差无几的局面下，所拥有兵力的价值之间很小的差距，往往会决定一局棋的胜败。

15. 国际象棋强弱部位的对比

双方阵形上薄弱部位与坚强部位之间的差异，在大多数情况下决定着形势的优劣。坚强部位是"桥头堡"，薄弱部位是"突破口"，双方围绕着它们展开了激烈的斗争，战斗计划的制定和建立巩固的作战据点及尽量给敌方制造薄弱部位，进而施加打击的考虑是分不开的。

16. 国际象棋兵种的配合

各兵种有各自的战斗特点，如果能够充分发挥各自的战斗特点，就能够得到最大的战斗力。要达到这个目的，需要我们竭尽全力为自己的各兵种创造最有利的活动场面，使各兵种的战斗力能有机地互相配合，做到协调作战。

17. 国际象棋王的安全

对局的胜败系于王的安危，因此战斗中必须把自己的王置于安全可靠的地方——一般是在有兵遮蔽的侧翼。

第四节　五子棋

1. 五子棋概述

五子棋是一种两人进行的竞技游戏，为中国古代的发明，具体年代已无从查考。当初规则很简单，后流入日本，并得到普及，其规则也有所变更，主要是对黑棋作了种种限制。目前，五子棋已成为正式比赛项目，并拥有专业棋手。五子棋简单易学，进程也短，几分钟便可下完一局。然而棋局变化复杂，使人思维敏捷，能提高分析、判断能力，是一种十分方便的益智活动。

2. 五子棋的下法

五子棋的下法很简单，取一张横纵 15 路的棋盘和黑白二色的棋子各若干，开局时，执黑者先将一黑子下在棋盘中央的交叉点上，接着由执白者在黑棋周围的交叉点上下子。如此轮流下子，直到某方首先在棋盘的直线、横线或斜线上下成连续五子或五子以上，则该局就算获胜。

3. 五子棋的先手

所谓先手，就是对方必须要应的着法。

在对局过程中，经常保持先手虽可使局势处于主动的地位，但是还不能获胜，必须走到一步棋同时出现两个先手时，对方才会来防守而输棋。

4. 五子棋的取胜与和棋

某方首先在棋盘的直线、横线或斜上连续下成五子或五子以上，则该方就算获胜。一般情况下，获胜方须走到一步棋同时出现两个先手，对方来不及防守方能获胜。如果一局棋双方均不能获胜，就作为和棋。

5. 对黑棋的限制

因黑棋先走一步，有很大的优势。为了削弱黑棋先着的优势，特地对黑棋加了两条限制。

第一条限制是：黑棋只有在两个先手中一个是"四"而另一个是"三"的情况下才算获胜，除此以外，都算黑负。而对白棋则没有这个限制。上面所说的"四"是指冲四或嵌五（有时也包括清四）；所说的"三"，是指活三和嵌四。

第二条限制是：如果黑棋下成连续六子或六子以上的话，则算黑负。但白棋如果下成连续六子或六子以上，则算白胜。

6. 五子棋连续追击的方法

这种方法是：在条件已经成熟的情况下，走每一步棋都是先手，有时一步先手又会派生出另外的先手来，这样逐步扩大优势，直到取得胜利。

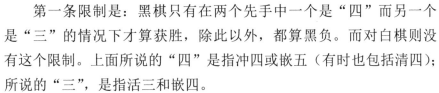

7. 五子棋同时有两个胜点的方法

有时候一步棋本身并不是先手，但有了这步棋，就出现两个胜点或两种获胜着法，迫使对方来不及防守而获胜。

8. 五子棋的防守

前面已经讲过，对于冲四和嵌五，只有一种防守方法，没有选择的余地，而对于活三或嵌四，一般就有 2 种或 3 种防守可供选择。至于要防冲四活三或冲四嵌四，就有 4 种或 5 种防守可供选择了。

第五节　战斗棋

1. 海陆空三军战斗棋概述

　　海陆空三军战斗棋是一种比较复杂的棋，它棋子的兵力繁多，性能各异，下法变化多，具有很大的趣味性，能启迪弈棋者的智慧。

2. 海陆空三军战斗棋棋盘的说明

　　棋盘划分成对战的两方，中间以海为隔，两旁有铁桥连接，二人对弈，各自主持一方战事。

　　陆军出战迎敌，由铁桥作为交战口。欲通过铁桥，必须在桥头上停一步，如敌方不用炮舰或炮垒轰击，方能入境。兵站：是陆军棋子陈兵处，也是战斗据点，陆战相碰处。城门：用来设置军旗，三城中任意布设，其余二城可布设其他棋子。行营：供自己方棋子驻扎，若己方棋子已进驻，他方棋子不得侵入，但飞机可以空袭，飞弹可以投击，倘若空营时被敌方棋子侵占，我方可以进攻夺回。铁路：是陆军快速行动的路线，每次可走 *3* 步，但不能越过前方停着的子。直线：为陆军行动的路线，每次只走 *1* 步（即▲—▲之间）。锚圈：供海军有棋子，也是战斗据点。空白圈：是海军行动逗留点，也是海战相碰处。白虚线：为海军行动路线，每次只走 *1* 步（即 *0—0* 之间）。飞机场：供空军布置飞机。黑座线：为飞机航线，可以直行，若要转弯，一定要在黑圆点处停一步。黑圆点：为飞机航行的逗停处，也是飞拐弯的据点。

3. 海陆空三军战斗棋陆军的棋子

（1）官兵胜负：开战时，官兵退武器则败。官兵相遇，上级胜下级，依次为总司令、兵团司令、军长、师长、团长、营长、连长、排长、骑兵、步兵、工兵。工兵胜地雷、毒气、陷阱，对于炸弹和炮垒，如先被击上则败，反之则胜。

（2）武器胜败：飞弹，布在兵站上，可沿陆军、空军线路行动，若打发，可飞越直线上各停子，向目标相碰（包括战场上敌机），不得转弯投（要转弯必须停一停），不得投进敌方机场或城中布军旗处，被投中各子后同归于尽，唯投陷阱自毁，陷阱犹在，如被战斗机击中变败。

炸弹，沿直线行动，碰到各子后同毁，唯遇工兵及战斗机则败，遇陷阱自毁。

原子炮，布兵站，可沿直线行动，胜各官子及武器（包括毒气），败于战斗机，若遇飞弹、炸弹、地雷同归于尽，遇陷阱自毁。

坦克车，布兵站，胜大炮、高射炮、炮垒、机关枪、毒气及各官兵，而败于战斗机、原子炮，遇飞弹、炸弹、地雷同毁，遇陷阱自毁。

大炮，布兵站，胜高射炮、炮垒、机关枪、毒气及官兵，败于战斗机、原子炮、坦克车、遇飞弹、炸弹、地雷同毁，遇陷阱自毁。

高射炮，布兵站，用以扫射飞机，也可攻取军旗，胜炮垒、机关枪、毒气及官兵，遇飞弹、炸弹、地雷同毁，碰陷阱自毁。当敌机飞越高射炮位直线上空时，应明示一下高射炮后将该敌机毁去。例如敌机飞近高射炮位一二步以内侦炸原位置时，高射炮即可向其射击（射程可越过附近一位置或一停子），但下一步即须退回原位置，如被对方占据，则作败论。

炮垒，为阻止敌舰侵入，设在海口之处，不准移位。当敌舰驶近海口，可向其攻击，但下次即退回原位置。如遇潜水艇则不分胜负，当即退回原位，算走了一次棋。胜各舰及官兵、机关枪，败于工兵、战斗机、原子炮、坦克、大炮、高射炮，遇飞弹、炸弹同毁。

机关枪，布兵站，胜毒气及官兵，败于战斗机、原子炮、坦克、大炮、高射炮、炮垒，遇飞弹、炸弹、地雷同毁，遇陷阱则败。

地雷，布兵站，不准移动。碰各官兵、武器后同毁，败于战斗机、工兵，与侦察机不分胜负。

陷阱，布兵站，不准移动。仅败于工兵。

毒气，布兵站，可移动。胜官兵（工兵除外），败于各武器和工兵。

军旗，布城门内，不可移动，战斗胜负的主要标志。

4. 海陆空三军战斗棋海军的棋子

（1）军舰的胜败：海军以军舰为主，交战时以级别从上到下取胜，依次为主力舰、巡洋舰、炮舰、驱逐舰、潜水艇。

（2）潜水艇的用法：它用以攻击主力舰、巡洋舰、炮舰，败于驱逐舰。与飞弹、战斗机、炮垒相遇，不分胜负（潜水艇移动一步，表示潜让）。飞弹落空则败，战斗机及炮垒应即退回原处。

（3）炮舰的用法：炮舰除海战外，可攻铁桥上或沿海处陆军，下次即须退回位置，当其未退回时，他子不得向其攻击。其效力与营长等级、与炮垒同等，如逢级别高的将官或武器时，应作无效，仍即退回原处，作走一步论处。

炮舰与炮垒，谁先攻击，攻击者为胜。

当敌机飞越炮舰直线上空时，作为被击中论，炮舰应显明，把该机除去。如敌机在炮舰周围空袭，炮舰可进攻，然后退回位置。

（4）海军登陆作战：主力舰或巡洋舰在必要时可充作陆战队登

陆作战，但必须由海口处登陆。主力舰与师长、坦克车同级，巡洋舰与团长、大炮同级。可攻敌城取军旗，也可退守护城。

5. 海陆空三军战斗棋空军的棋子

（1）空军飞机活动路线应沿纵横航线，各黑圆点为逗停站。出击时不论步数或隔子，均可一次抵达。欲拐弯须在黑圆点上一停，然后转向飞行。飞过高射炮或炮舰直线上空时败，被高射炮、炮艇击中也败，被飞弹击中同毁。

（2）侦察机的用法：布机场内，侦察敌情用，凡被侦察之棋应明示实力，然后恢复背暗。侦察时没受到攻击，下次即须离去。侦察的对方棋如是高炮、炮舰则败。与飞弹同毁，负于战斗机。

（3）战斗机的用法：布机场内，凡被击中者均败。遇陷阱不分胜负，下步即须离去（陷阱仍存在）。击中飞弹即胜，被飞弹击中共同毁灭。

空战时，战斗机胜侦察机；战斗机相遇时，谁攻击，谁获胜；侦察机互遇，不分胜负，各自飞开。

6. 海陆空三军战斗棋赛布暗战法

这种下法要有3人进行，其中1人作公证人，评判双方作战时实力的大小，监视双方各子应按规则进行。公证人必须严明公正，保守双方的军事秘密，不能袒护任何一方，也不能参与任何一方的军事计划。

其余2人各执一方军事，将己方的棋子按作战计划布置在海陆空地区的各个位置上，相背而立。作战开始后，依次轮流按进军路线出战或迎接战斗。

棋子相碰时，公证人就应视双方实力，败者除去。如双方同等实力，或具有同毁情况者，应将双方棋子同时取出。如此下去，直至一方获胜为止。

7. 海陆空三军战斗棋密布明战法

此法只须2人便可进行。对弈双方各将子力密布阵地，相背而立。开战后双方轮流下子，棋子相碰时双方均应将棋明示，比较胜败。胜者存在，仍背暗，败者则取出。如此下去，直至终局。

8. 海陆空三军战斗棋的胜负

（1）夺取军旗胜负法：军旗布在3城中任意1座内，为三军胜负之标志。若军旗被敌方夺走，全军即告失败。

这种胜负法同时规定：一旦总司令阵亡，就应明示军旗，以示哀悼。暗战时，公证人应予以裁定——翻出军旗。双方会有在、保军旗续战下去，直至一方军旗丧失，该局棋结束。

（2）夺取主帅胜负法：总司令为三军之帅，其存亡关系整局的胜败。一方总司令阵亡后，不论其子实力有多大，一概为输。

这种下法，万一双方总司令相遇，因实力相等，同亡。这时应该双方同时亮出军旗，续战下去，再以夺取军旗为目标，直至终局。

第六节　军棋

1. 军棋概述

　　军棋又称陆战棋,它所有的兵种、武器均为陆军部分的编制、装备。它下法简易,技巧性较强,是一种富有趣味的棋类活动。

2. 军棋的棋子

　　双方各拥有 25 枚棋子,它们是:1 枚军旗,1 枚司令,1 枚军长,2 枚师长,2 枝旅长,2 枚团长,2 枚营长,连长、排长、工兵、地雷各 3 枚,另加炸弹 2 枚。双方棋子的正面分别用不同的颜色予以区别。

3. 军棋棋子的棋力

　　官兵是以上级胜下级排定的,顺序如下:司令、军长、师长、旅长、团长、营长、连长、排长、工兵。工兵可以挖地雷,其他各官兵碰上地雷有 2 种下法,一种是同毁,另一种是“弹簧地雷”,人亡雷存。这应在下棋前各方事先约定好。

　　炸弹不论遇上什么官子武器,均同毁。

　　军旗是胜败的标志,设在大本营中。棋图上的兵站是布子的位置。

大本营内布军旗和另一棋（该棋不能走动）。地雷一般规定在下二线范围内，不能移动。行营是调兵驻防处，营外子不能攻营内子，营内子能攻营外子。

棋子在铁路上能走 *1 ～ 3* 步，但不得越子，棋子在单线行路线上只能走 *1* 步。

棋子在铁路上只允许直行 *1 ～ 3* 步，若拐弯，须停在拐弯处，待下步再走 *1 ～ 3* 步。

工兵可以在铁路上飞行，不限步子，但不能越子。

当工兵主动出击时，可充当侦察员身份，对方应明示该棋，比较大小后定胜败。

司令阵亡后，应明示这方的军旗。

4. 军棋的技巧

善于下军棋的人，有着较高的棋技。一般说，弈棋者根据对方的棋势，避其锋芒，攻其弱棋。适当利用工兵的特能，破除 *1* 个地雷后，设法侦察实力或抢步子，力争破城拔旗。

另外，科学地分析敌军实力，作出试探性的进攻，佯攻后观察敌军反应，以较准确的判断投出炸弹。这就利用"田忌赛马"的技巧，使军力产生差距，最后赢得全局胜利。

下棋中，既不要让司令轻易丧阵，又不能龟缩不动，引起对方的怀疑而招致惨败。

下棋的技巧很多，有的牵涉到弈棋者的个性习惯，那就要运用心理学的原理，揣摸敌方的心思了。总之，技巧来自实践，棋下多了，加以总结，技巧会不断提高的。

5. 军棋的战术

军棋的战术类似于军事战术，不乏有"声东击西""一鼓作气""弃车保帅""扬长避短""以少胜多"等诸种战术。

（1）声东击西：用较弱的子力佯攻对方后静观反应。若对方是高级将领，必然会逃避或保护该棋。认准此类棋后，用中等棋再换一个方向攻击，避开大棋，造成声东击西的优势。

（2）一鼓作气：攻城拔旗是行棋的目的，一旦准备攻敌城，应积蓄好先头将领、除雷兵、爆破手及后续兵将，不等对方调防，已经以迅雷不及掩耳之势破城了。

（3）弃车保帅：有时为了保住将帅或军旗，有必要以牺牲小棋为代价，换来调防兵力的目的。尽管不是上策，也不失为下策。

（4）扬长避短：在短兵相接时，应以略高一级的军官去与敌兵开战。对已经交战过的对方的棋子，更应谨慎小心。除万不得已，一般不能以同等的棋子去火拼，应该设法除掉它。

（5）以少胜多：战斗的胜负不是绝对以力量的大小为标准的。以少胜多的战例是很多的，关键在于运筹帷幄，准确计算，争取有利的据点，佯攻，往往能奇袭成功。

6. 军棋的胜负

军棋以夺取军旗为最终目标，一方军旗被对方占领，则判为败局。

另外，由于一方布的是三角雷（军旗周围 3 个地雷围起来），对方炸弹已尽，3员工兵均亡。这方的地雷就无法攻破（因该棋以弹簧地雷论处的）。这时的胜负应这样判定：若这方最后夺取对方军旗则胜；子力全被消灭，无棋可以移动，则败；如果对方实力虽比这方强，但仍无法消灭残余官兵（通过行营等处的转移），则判为和棋。

第七节　跳棋

1. 跳棋概述

跳棋是一种比较流行的棋类活动，可供 2～6 人同时下。它下法简单，易掌握，并且能启发思维，深受人们的喜爱。

2. 跳棋的棋盘

跳棋的棋盘是呈六角形，每个角有不同的颜色。圆点是跳棋棋中在运行过程中停留的位置，直线是跳棋运行线路。跳棋共有 36 个棋子，平均分成 6 种颜色，每种颜色为 6 个棋子。棋子一般由木头、塑料、玻璃球制成。棋子的颜色与棋盘角上的颜色是一一对应的。

3. 跳棋的规则

跳棋一般分 2 人、4 人、6 人下。成对的人应把棋子面对面地摆，机会能均等些。

跳棋应按直线（线路）行走一步，然后停在圆点上。每人轮流走一步，按逆时针方向推先后。

当跳棋前进路上隔着子，而隔着子的前方有空位则可跳过该隔子而进入前面的空位；如空位前面正好又有一个子和一个空位，该子可继续不停地往前跳。必须掌握一个规则，即跳的子与隔的子及空位子应该在一条直线上。下一步连跳可以改变跳的方向，但不能违反这一个规则。

另外，跳棋规则还应在赛前宣布和规定好隔几个子。因为跳棋发展到目前，已有隔2子、隔3子等赛法。隔2子，就是跳子前有2子阻挡，另有空位子1个才能跳。隔3子跳则是隔3个子有1个空位子。

4. 跳棋的玩法

跳棋2人玩，方法比较简单。多人玩，方法就较多了。

（1）2人玩：面对而下，各走自己的棋。设法利用自己的棋型跳得快、跳得远，以便取胜。

（2）4人玩：可以分成2个联队，每队2人面对而坐。队员之间相互搭起跳棋的通道，配合得好的联队就能获胜。

（3）6人玩：可以分成2～3个联队。3个队游戏时，队友应面对而坐。若是2个队对抗，则应互相间隔开来下，交叉以后，对手之间的互相牵制和制约，会使游戏更精彩、更紧张。

5. 跳棋的技巧

跳棋技巧在于精确地计算棋子运行的路线和位置，每人6个棋应合理安排好运行的秩序。使棋子之间形成一种紧密的联系，后面的棋可以借助前面的棋架起跳跃的通道，切忌只顾一味走棋，把个别棋丢在后面成为孤棋。

行棋时也不能光顾自己走棋，还应观察他人的位置，有时可以利用他人的通道，有时则应破坏他人的位置，以达到取胜的目的。

6. 跳棋的胜负

跳棋以6个棋子从一角上的原来位置全都进入对面一角的6个位置上为完成一局。谁率先完成一局，谁便是胜利者。如果同样的次数跳完一局，则为平局。游玩前可以约好总共玩几局，以赢局多为胜者。如果分级玩的，可以该组2人或3人的总成绩计算。如果2人是第一、第四，另2人是第二、第三，则这两组成绩持平。如果同一组中的2人分别是第一、第三，那么该组就获胜。

第八节　康乐棋

1. 康乐棋概述

　　康乐棋又名康乐球。它不同于一般的棋，它的棋子不是在棋盘上走的，而是靠击杆打的。它的玩法有多种，技术要求较高，是深受人们喜爱的一种趣味活动。

2. 康乐棋台盘

　　康乐棋台盘是木头制成的。它是正方形状，有一般饭桌那么大。台盘的四周角附近挖有一圆孔，圆孔直径 10 ～ 12 厘米。台盘上画有 4 个小圆、1 个大圆。4 个小圆在沿口内侧，小圆之间用 4 条直线连接，台盘中央是大圆。台盘洞口与角端间有一块三角形的"台弯角"。圆孔下面置有一木盒，以盛放棋子。台盘的盘面要求很光滑，质地考究的台盘用红木制成。

3. 康乐棋的棋子

　　康乐棋配母子 1 个，棋子 32 个。母子用较重的红木制成，扁平，光滑，体积比棋子稍大，直径约 4 厘米。

　　棋子 32 个，也是扁平的圆柱体，直径 3 ～ 3.5 厘米，木质。棋子上刻着 1、2、3、4 四种数字，每种数字 8 个。质量考究的棋子也用红木制成。

4. 康乐棋其它设备

台盘架，是支撑台盘的木架，比较灵活方便，搬迁容易。台盘架要求稳固而不晃动，玩康乐棋时不致因摇晃而影响成绩。也有用铁架或饭桌代替的。

枪杆，也叫击杆，是打棋用的工具。长约 1.2～1.4 米，前端微细，后端稍粗，一般均为优质的木材制成。枪杆要求分量重、枪杆直、外面光滑。

滑石粉，是撒在的台盘表面上，增加光滑所用。也有不用滑石粉而是打蜡的。

5. 康乐棋排子的规则

排子，2～4 人玩。每人把号码数相同的棋子一个挨一个地密靠在台盘四壁的中间，棋子与台盘壁不能留有空隙，在台弯角上也要放上相同号码的棋。

按逆时针方向，依次摆列 1～4 号棋。玩者应用母子打对面号码子，使之进入洞内。打进一个棋，可以连打一次；一次打进 2 个棋，可以再打 2 次；母子不能直接碰及其他号码的棋，碰到后罚 1 个棋（等盘面上打完该号后再顶放在壁中）；母子不能进洞，进洞也要罚 1 个；如击自己棋后，间接打人他人的棋，也罚 1 个，而且这一杆就结束，让下一位击棋；母子不能跳出盘外，跳出去停击一次；自己号码的棋，超越身前台盘上的直线或圆，则算俘虏（取回盘壁中央密排）；击棋者只能把母子放在直线上或直线与圆的交点处击棋。

6. 康乐棋排子的技巧

康乐棋排子的玩法，有很多技术性，如何使用枪杆，如何开第一枪，这里牵涉到几何的角度、物理的运动原理。

击杆是力量源，传给母子后再撞击棋子，为了使力量大、匀、准，应用左手食指弯曲，击杆套在指间，再靠住台盘边沿，右手拇指、食指握杆尾部，杆尖对母子中下部，瞄准目标，瞄好后，右手利用手腕略前后推动，使击杆前后稍稍移动，再用力一击，母子会得到爆发力，飞速击中目标。

有时，棋子离沿口较近，击棋的用力就不能大，要有正好的分量。否则，母子也会跟着棋子一直进洞，就要受罚了。此时，应观察棋子在洞口的什么位置，一方面应减小手腕的力量，另一方面应打击棋子的侧面，改变母子运动的方向。

开第一枪时，对面台盘壁上密密排列着 6 个子，最好从一个侧面斜击中间 3、4 两棋的中间，这样，一边 3 个子会有 1 个棋进洞，1 个棋弹出，另 1 个棋与另外设击中的 3 个棋间隔一些距离。这样，再换一个方向，从另一个侧面击那 3 个密列着的。往往用力得当，能左右开弓，获连杆 2 次的机会。这样，技巧高超者能一口气打完 8 个棋（包括台弯角上的 2 个棋）。

7. 康乐棋排子的战术

排子是以谁最先打完自己号码的棋为取胜的。所以要力争一口气成功。往往由于角度、用力不当，不能一枪光。这时，应用一些战术也会有利于成功。

例如，正好 1 个棋在下家棋右侧，又靠近沿口，自己还有 1 只台弯角上有棋未击。这对就要采取先难后易战术，即先吊打台弯角，即使母子和棋一起进洞罚 1 个也好。因为自己的棋挡在下家外侧洞口处，逼使下家不能轻易下杆。用力大就会将该棋打进去被罚。轮下一杆，自己只需打进被罚的棋即胜，而下家台盘上尚有棋没打完，即使打完，也还要罚 1 个，还是落后。

再如，台弯角上的棋已有一小半靠住洞口，只要一碰就会入洞。自己盘面上另一侧还有两三个棋，也较难入洞。下家有三个棋在自洞口一侧，很易入洞。这时，就应换另一种战术，把右侧两三个棋尽量打进去，最后吊角。如果打不进右侧，棋已弹到中央圆附近。轮下家打，如没有台弯角上这个棋，他可以放心大胆地打，但现在情况使他用力必须适当，否则会把台弯角上的棋撞入洞内致罚。因此，在提心吊胆时要么太轻不进，要么太重受罚。再轮到自己击杆时，可以把中间的棋稍重一些碰台弯，可以进 2 棋，连续 2 杆结果，可以稳稳当当的获得先手。

8. 康乐棋排子的胜负

排子的胜负很简单，谁先打完所有的子（进洞）而不犯规则胜。一旦最后一棋进洞时，母子飞出盘面外，应停杆一次。故该人的成绩要待停一次后再轮到击杆时计算。

9. 康乐棋团子的规则

团子，就是把棋子混合后 5×5 个见方地围在中央圆圈内，多余的棋再放第二层。玩棋人不在壁前的直线上击母子，而是站在盘角的小圆圈旁，将母子碰到圆圈击棋。

每人轮流击子，将棋打入洞内，该子便是他的，可继续打，直至打不进为止。

母子进洞，罚 *1* 个（从自己已打入洞的棋中取出一个放在大圆圈的中央）；母子碰不到棋子，罚 *1* 个；棋子在自己圆圈以内或台弯角附近区域的棋，不能用母子直接碰到，碰到也要罚 *1* 个，这样的棋，玩者只能从对面壁上反弹回来方可。

团子有记分和记个数两种玩法。这里的分就指棋子上面刻有的数码。记分较复杂，不但要设法进子，还要选择分值大的先打。

10. 康乐棋团子的技巧

团子多数有直接进洞技巧和反弹进洞技巧两种。直接进洞要掌握棋子的排列位置和角度。有几个子排列特殊，还可以在两个不同方向进洞。可以打击某个棋后，将力分散，转了方向，使另一个棋进洞。这里的技巧十分复杂高超，有待于多练习、多实践。

反弹进洞往往是该洞前方受阻，不能进洞。但通过反弹后，从台盘壁折个方向进洞。这种技巧关键要掌握好入射角、反射角，然后能在反射角的延长线上没有阻挡而入洞口。打这种棋，还要试一下壁的弹性，决定用多大的力量。太小了，棋在途中停止运动；太大了，棋会弹出洞口。

另外，击杆的技巧仍应和排子一样，不同的情况，击杆的速度不一样。

11. 康乐棋团子的战术

打团子和打排子不一样，不分什么棋归什么人打，只要能打，人人能打。所以，要做到能打进去的棋力争打掉，打不掉的棋设法不让下家打到。有时候，棋角度大，不斜吊，而是轻打内侧让其弹回中央圆圈，有时用母子轻擦团子边缘，破坏成型的有规则的棋子；有时把子击到上家的圆圈内，等下一轮再轻易击入；有时打反弹，有时拉自家洞。总之，战术多变，运用灵活，方可占上风。

12. 康乐棋团子的胜负

每人将打入洞内的棋放入自己角上的木盆里，等台盘上所有的子都打完后分别数子的个数，或计算所有的分数，以最高成绩的人为胜。

13. 康乐棋滑子的规则

滑子的布棋与站位与团子一样。所不同的是：滑子是指母子打击棋子后，母子自身进洞，而棋子不得入洞。母子每进 1 次洞，可在中间圆圈内任选 1 个棋子作为成果放人自家木盒里，继续打棋，直到母子不进洞。

棋子进洞，停止打击，且罚 1 个子放在正中。

母子必须贴住小圆圈的线击子；母子不得直接打击自家小圆圈内及台弯角附近区域内的子，碰到罚子 1 个；母子碰不到棋子，罚子 1 个；母子跳出盘面，停击 1 次。

14. 康乐棋滑子的技巧

滑子技巧在于：母子不能击棋子朝洞口的方向运动，而且击子后母子应该能继续朝洞口的方向滑过去。所以，打滑子要善于分析受力后棋子运动的方向，击子的部位和角度，并且要有正确的击子力量，大小适当。技艺好，能够在 1 个靠边棋上连续滑上十来次。打康乐棋的滑子，类似于打台球的"奥夫"，颇有技巧。

15. 康乐棋滑子的战术

轮到击子时，如有 *1* 个位置好的棋，应先在这个棋上拿分。当取圆圈中棋子时，要为自己下一步在中间击子得分创造出有利条件，去除障碍的棋，或应取走下家容易得分的子。

一旦该棋位置不佳，应另选较好位置的棋作为得分的目标。

当估计自己没有把握得分时，应尽量破坏下家得分的机会，把棋子打到某个难以滑子的位置。

这些战术的应用，首先得取决于打子的基本技术的熟练，其次是要善于分析，多动脑，要观全局。

16. 康乐棋滑子的胜负

当打完一局后，每人计算自己木盒内得子的多少，即可判定胜负。

第九节　斗智棋

1.斗智棋的棋子

斗智棋由 16 个棋子组成。平均分为 4 组，每组是 1 种颜色，分别为红、绿、黄、黑。每组棋子中有 1 个是皇，其他 3 个为侍卫。有皇位的棋子应摆在中间，其他 3 个圈在外面。

2.斗智棋的规则

游戏时，可由 2 ～ 4 人同时进行对抗。按逆时针方向轮流走棋，每人每次只得走一步，可以沿直线走，也可以沿弧线走。

每组的皇位子，最后必须走人皇位，进入皇位后就不可以再移动了。

每一个子在同一条线路中最多只能来回移动 3 次，超过 3 次以输棋论。

3.斗智棋的技巧

斗智棋集中了跳棋和围棋的优点，具有一定的技巧。游戏时，应该动脑筋，设法堵拦对手的通道，始终保持先手，牵着别人走。

彼此堵拦后，应设法先走后面的棋。等后面的棋走完后，可及时脱卦，向目的地移动。等他人移动前面子时，再继续进行堵拦，力争主动。

另外，要处理好皇位棋的移动，侍卫棋应适当让路，使皇位棋早点定位。更不能让侍卫棋占据皇位，否则会影响行棋的效率。

4. 斗智棋的胜负

对抗游戏以全部4个棋子均已进入对面相应的位置为结束。胜负由先后结束的顺序来决定。

第十节　斗兽棋

1. 斗兽棋的棋子

斗兽棋的棋子共计 *16* 个，分成对峙的两方，每方 *8* 个棋。这 *8* 个棋是：象、狮、虎、豹、犬、狼、猫、鼠。双方以不同的颜色加以区别。

2. 斗兽棋棋子的棋力

斗兽棋中各兽类的胜负是以大小定次序的。以象最大，狮其次，然后是虎、豹、犬、狼、猫，最后是鼠。但鼠反过来又能吃掉大象。

当双方同类兽相遇时，不动的兽可以吃掉移来的兽。

3. 斗兽棋的陷阱

棋图上设有的陷阱，是限制对方实力的，自身的兽走进自己的陷阱不受限制。对方的兽走人陷阱时，这一方的兽不论大小，只要在陷阱旁边，均可把对方的兽吃掉。

自己的兽在自己的陷阱里，仍能按原来的实力大小，吃掉对方较小的兽。

对方的兽走出陷阱，就立即恢复原来的实力。陷阱并不约束兽类进出的白由。

4. 斗兽棋的小河

　　小河是供鼠行动方便的，只有鼠可以在小河里活动，走法与陆地一样。留在小河里，陆上的兽类均不能吃它，可是仍能在水中吃陆上的大象。双方鼠在河内相遇，吃法和在陆上一样，不动者能吃掉移来者。

5. 斗兽棋的规则

　　游戏者各持一方，轮流下棋。每人每次走一步，左右前后均可以。

　　斗兽棋中的狮虎可以横、竖或对直跳越小河，算一步。狮、虎跳到河对岸后，如格内有比它小的对方兽类时，就能吃掉该兽。不过，假如小河内有鼠时，可以把跳跃的路线挡住，狮、虎便不能跳过河去。

6. 斗兽棋的胜负

　　凡先进入对方兽穴的就为胜者。自己的兽不允许进入自己的穴。

第十一节　十字跳棋

1. 十字跳棋的下法

（1）双方轮流走棋，每次只准走 1 只棋、1 步，可直行、横行、斜行。

（2）每逢间隔 1 子后有空位便可跳过去，可连续跳跃，不限步数。

（3）跳跃中如越过对方子，可将该对方子提出盘外，吃去。连续越过数枚对方子便可吃掉这些棋子。

2. 十字跳棋的技巧

下该棋要设法吃掉对方的棋子，必要时可以弃子，以局部的失利换取全局的胜利。关键在于围追堵截，使对方无棋可走处于被动。

3. 十字跳棋的胜负

如一方把另一方的棋子全部吃掉，则为胜者。若把对方逼得无棋可走也为胜。

第一节 桥牌

1. 桥牌概述

桥牌史话

中国是扑克牌的故乡，相传它起源中国古代的叶子戏。距今1200年以前的唐代，有一个名叫叶子青的女子发明创造了叶子戏。什么是叶子呢？宋代诗人欧阳修在他的《归田录》中记载："唐人藏书，皆作卷轴，其后有叶子，其制似今策子，凡文字有备检用者，卷轴难数，故以叶子写之。"由此可见"叶子"是一种带有文字的索书条，供检索卷轴中的内容用。后来闺中淑女、文人墨客用它来做文字游戏，逐渐发展成为叶子戏。叶子戏的原物及玩法现在已无法考证了，但从宋末元初出现的"数钱叶子"，即麻雀纸牌，我们可以猜测"叶子戏"的玩法。麻雀纸牌后来演变成麻将牌。其牌面有钱、索、万、字四门，并有骰子投点来决定方位和拿牌。现在我国南方省民间仍然流行"纸牌麻牌""麻雀牌"等十几种不同形式的"叶子戏"。

中国纸牌被伟大的旅行家马可·波罗带到了意大利并很快流传到欧洲各国。形式上用意大利的高脚酒杯、宝剑、钱币和棍棒换下了中国的铜钱、绳索、文字就产生了最早的扑克牌名称。现代形式的扑克牌据说是一个叫亨利的法国人设计的，他用黑桃、红桃、方块、草花代表一年中的四季，52张牌代表一年52个星期，全副牌的数字相加等于 365 天。扑克的出现并没有带来多少进步意义，相反，它被用来作为赌博和算命的工具。因此一直被视为邪恶或堕落的工具，即使是欧洲的皇帝和罗马的教皇也都多次禁止玩扑克。近代扑克随着洋枪、洋炮、鸦片一起又被输入到了我国，我国古代人创造发明之物变换形式后成了洋玩艺儿已不是它原来的面目。"扑克"的音译名现在家喻户晓，扑克游戏也成为中国人民饭后茶余的闲娱工具，慢慢的被中国普通老百姓所接受。中国人创造了许多扑克牌的玩法：如"争上游""拱猪牵羊""百分""升级"等。现代流行的中国扑克游戏中都没有脱离扑克牌的赌博性质，牌的好坏是决定胜负的关键，所以也算不上智力游戏。

现代桥牌的起源

扑克牌的玩法有很多，大多数属于赌博游戏。现代桥牌起源于英国民间流行的惠斯特牌戏。它是由四名牌手参加，相对的二人为一方，与另一方对抗。使用 52 张牌，每人 13 张，最后一张牌向上，作为将牌的标志。取完后，由发牌人左方的人攻第一张牌，以后牌大者出，四人均为暗手。一方赢得 6 墩牌为本底，超过本底墩数 1 墩，就给赢方二人各记 1 分，最高者一副牌可获 7 分。记分则用按局记分的方式，多少副牌为一局可由参赛者商定或组织者规定。牌戏结束时，得分高的一方获胜。在英国的惠斯特规则中，还有双局奖分和大牌分等细则。从 17 世纪到 19 世纪约三百年间，"惠斯特"在扑克牌游戏中占据着统治地位。1857 年伦敦举行了第一次正式惠斯特比赛，1891 年美国惠斯特联合会成立，翌年米切尔撰写了一本比赛用书，标志着惠斯特作为一种智力竞赛活动已确立它在社会生活中的地位。惠斯特是四人玩的牌戏，能否三个人共娱呢？相传有三位驻扎在印度的军官因牌手不够，把一家牌排在桌上，由对家打。于是，惠斯特桥牌产生了。惠斯特桥牌赌博色彩太浓，往往一局失误，满盘皆输，轻则朋友反目，重则倾家荡产，引出种种悲剧，这样伤害了打牌的情趣。惠斯特桥牌虽然有许多缺陷，但它的许多规则和打牌技巧与现在的桥牌有相似之处。20世纪初的著名桥牌手都是先打惠斯特桥牌。当时的桥牌手对惠斯特桥牌规则进行多次改革。从明手的出现，加倍、再加倍的设置，至打牌前增加叫牌过程等，都为现代桥牌的创立奠定了基石。为了消除牌的因素影响，早在1857年就进行了惠斯特复式赛。惠斯特牌戏之所以能够发展成为现代桥牌是因为它存在某种合理内核，即它是一种智力游戏。

竞叫桥牌问世

1904年，竞叫桥牌问世，打法依旧，但增加了叫牌过程，通过叫牌达成定约，并规定定约方庄家的同伴须亮出所持全部13张牌。定约完成由庄家一人掌握，明手无权过问。定约不一定在一副牌中叫成局，可以累计基本分，只要能打够100墩分，即为一局。竞叫桥牌不合理之处，打叫不一致，输赢论定主要在于牌的因素，不在技术发挥，因此，投机性强。同时，加倍、再加倍可无限性循环，有损它作为文体活动的积极意义。针对上述情况，美国著名桥牌手范德比尔特在竞叫桥牌的基础上，创造了定约桥牌的现代形式。

范德比尔特是一个卓有经验的牌手，精通多种惠斯特牌戏。他想让世界各种惠斯特桥牌有一个统一规则。因此，他自己设计了成局、满贯、局况以及各种记分方式。规定只有叫到局并打到局才算成局，满贯亦然，并取消了加倍和再加倍的无限性，只规定一次有效。这个设计在一次海上旅行中得到了检验。据说，"有局方"一词是根据中国牌的玩法提出来的。经过许多次验证，范德比尔特最后确立了定约桥牌计分表。这个表的大部分内容延用半个世纪毫无改变，说明它具有科学性和权威性。范德比尔特的发明使桥牌面目一新，牌的因素不再是输赢得失的基础，而只是作为叫牌和打牌技术发挥的客观条件之一。技术和智慧因素成为决定胜负的基本因素。定约桥牌的规则实际上将叫牌、打牌和记分有机地结合在一起，而叫牌技术规则的首要性，使桥牌的难度大大提高，竞赛激烈程度倍增，大大增添了比赛的乐趣。为了纪念范德比尔特对桥牌运动的贡献，美国在 1928 年举行了首届全国桥牌锦标赛，奖杯以他的名字命名。

在推动桥牌运动的发展中，功劳最大的要属美国桥牌权威埃利·克柏森。他创办了《桥牌杂志》并写出了宣传他的叫牌体系的著作《定约桥牌蓝书》。在 20 年代后期和 30 年代初期曾名噪一时。几乎 90% 的牌手都采用或曾采用克柏森叫牌法。他的妻子是一位极端冷静而技巧很高的牌手，当克柏森与妻子搭档战胜了联邦德国的楞次和雅各比，从而确立了他的桥牌领袖的权威地位。他的名字几乎成桥牌的同义语。克柏森之幸运在于他有一位好妻子、好搭档，在他一生中借打牌而名扬四海的时间加起来不过短短的八年。这是其他任何牌手都无法比拟的。克柏森自己直言不讳的指出，他桥牌方面的大部分成就就归功于他那超凡的婚姻。外加他的叫牌法的极高效率。然而，这也是他不幸的根源。克伯森性格十分复杂、固执。他对桥牌的态度也十分复杂、矛盾。

实在奇怪的是，施特恩的叫牌法都是以克柏森叫牌法为基础的，但却有了许多细致的改进，尤其是施特恩采用了克柏森的问叫法，而且大大加以扩展，使之远不止于起到满贯叫牌法的作用。维也纳梅花叫牌法实际上已含有现代接力体系叫牌法的因素。克伯森夫妇在整个比赛中是不幸运的，与此相反，幸运之神却总是照顾奥地利队。在美国队争取挽同败局时，克柏森与妻子发生了一次可怕的问叫误会，给美国队以致命打击，从而使奥地利队以 4740 分的赢分额获得了冠军。在比赛结束后的庆祝会上，克柏森站起来就别人对他和约瑟芬的称颂致词，但当他讲到一半时，他的妻子在心里不痛快，而且喝了不少香槟酒的情况下，插进来说了一大串连挖苦带讽刺的话，使他大为难堪。第二年他同约瑟芬离婚，从此离开了桥坛。

桥坛巨星

成为 20 世纪大半个世纪世界首席桥牌权威的查尔斯·戈伦，四月因心脏病逝世于美国加州安西诺城。千千万万牌手称戈伦为"桥牌先生"，他们买他的书，听他的讲座。他们上他指派的教师所教的课。他们在桥牌邮轮上"与戈伦一同旅行"。他们收藏带有戈伦标志的牌和桥牌用具。他们读他的《体育图解》和麦考尔出版社以及全世界的桥牌杂志所写的文章。戈伦的名字变成了定约桥牌的同义语。

戈伦生于费城，早年在加拿大蒙特利尔的数吉尔大学学法律，当时在非正规的桥牌活动中学打桥牌。1922 年他取得法律学士学位，1923 年获得硕士学位，取得费城律师的资格。在业余时间里，戈伦专攻密尔顿·沃克的经典著作，为提高桥牌技艺，他竭尽全力一副牌一副牌地提出来研究。当觉得已经有所准备时，他参加了第一次复式比赛，他打赢了，并很快地醉心于此项活动。

他引起了沃克的注意，担任沃克的技术助手，帮助这位大师准备书籍、讲座和专栏的文章，1933 年在美国桥牌协会和北美桥牌联合会的四人队式公开赛上他取得了首次巨大胜利。从此，他开始自己从事一些教学工作，1936 年发表了他的第一本书《桥牌易于取胜之方》。取代埃利·克柏森在《芝加哥论坛报》和纽约《每日新闻》的地位。戈伦是优秀的作家和善于分析者。他是卓越的演说家和不知疲倦的工作者。从 1937 年起，他在许多比赛中取得胜利，其中八次以最佳成绩夺得麦肯尼奖，至今保持最高纪录。随后，他得到大师分获得者名单的顶峰，并保持了 18 年之久。戈伦发明的计点叫牌法，引起了叫牌革命，被全世界公认为标准体系。它代替了克伯森的赢墩估算法，使戈伦成为桥牌领袖。*1942* 年戈伦著《定约桥牌大全》，*1949* 年他发行《计点叫牌法》，戈伦的书已被译成各种文字，销往世界各地。

精确叫牌体系

美籍华人魏重庆先生对桥牌的最大贡献在于创立了精确叫牌体系。魏重庆先生早年毕业于上海交通大学电子工程系，他以其扎实的数理基础，超人而深邃的洞察力发现，可以用这些数学理论建立一套科学的叫牌体系，使得各种水平的牌手可以迅速地提高叫牌的准确性。也正因为这一特点，魏先生把它命名为精确制。

一个梅花的开叫品的点力不得少于 *16* 个大牌点，这是精确制的基本核心。这一叫品的确立是有科学根据的。魏重庆先生发现一家取得 *16* 点以上的机会比 *17* 点以上的机会大很多。同时也使其它限定性开叫的点力范围缩小到 *11* 至 *15* 点之间，因此有利于叫牌的准确性。精确制的优势在于能够使牌手迅速而又准确地寻找到最佳的约定，能够毫无障碍地叫到局。在 *1972* 年奥林匹克队式赛的决赛上，意大利使用精确对抗有两对选手使用 *17* 点一梅花开叫的改良蓝梅花的美国队。其中有一副牌，美国队的一个队员持：

黑桃 B：A Q *10*

红心：K *8 7 3*

方块：A

草花：Q J *10 7 4*。

因为只有 *16* 点，他开叫 *1* 红心，当同伴加叫到 *2* 红心后，他作了一个非逼叫的成局试探叫品：*3* 草花。

同伴持：黑桃 *9 3*；红心 Q *10 9*；方块 Q J *5 3*；草花 A *9 5 3*。

同伴考虑到成局希望很微小（开叫方很可能少于 *15* 点，且红心极可能四张），于是不叫，定约停在 *3* 草花上。而意大利由于用 1 草花叫刀叫品开叫，毫不费力地就叫成局。在这次被誉为"桥牌的世纪之战"中意大利队用精确制击败了美国队的挑战，卫冕成功。

在国际最高水平的比赛中，由于桥手的牌艺十分高超，因而在叫牌和打牌中失误较少。因此，叫牌体制的先进与否直接影响到比赛的结果。然而精确制的诞生并非一帆风顺的。许多桥牌专家故步自封，自以为是，总是以为自己的叫牌方法是无懈可击的，最高级的。当重庆魏先生第一次把精确制带到俱乐部里给专家们使用时，遭到了婉言谢绝。没有人愿意使用一个非专家创造出来的叫牌体系。但是，魏先生并不灰心，他以非凡的自信心和卓越的组织才能向全世界证明：他所孕育、诞生的"婴儿"不是丑小鸭，而是超群出众的"白天鹅"，他投入了大量的精力，大量的时间，大量的财力。终于，他带领由他培养训练出来的使用精确制的中国台北年轻牌手击败欧美列强，两次问鼎百慕大杯。虽然因意大利队异常强大，中国台北牌手壮志未酬。然而这一鸣惊人之举却深深震动了整个桥坛。

人们开始研究并重新估价这个"中华精确制"。许多牌手开始悟出其奥妙所在，并决心使用这个新鲜的叫牌法。最为引人瞩目的是意大利兰队这支雄踞桥坛十几年的超一流劲旅也除旧革新，使用精确制。著名的、超一流的桥牌理论泰斗戈伦和里斯纷纷著书介绍精确制。各地精确制俱乐部、精确制队纷纷崛起。短短的几年间，精确制就发展成为世界第二大叫牌体系，实现了非专家创造的叫牌体系被专家们所承认并采用的非凡构思。

魏重庆先生非常热爱自己的祖国，生前，他曾对夫人杨小燕说过"你应该尽力去帮助中国成为桥牌大国，一定要帮中国取得世界冠军"！1987 年 2 月魏重庆先生不幸病逝，这是桥牌界的重大损失，人们将永远铭记这位桥坛泰斗对世界桥坛的贡献。

桥牌与科学

桥牌是一项有益于身心健康的智力性体育竞赛项目。从定约桥牌创立以来，它以其趣味性和科学性吸引着无数桥牌爱好者。桥牌运动的本质是具有科学性的，同时也符合体育公平竞争的原则。桥牌与数学、逻辑、信息论、心理学等密切相关，特别是现代桥牌运动技术水平的飞速发展，各种叫牌体系不断涌现，桥牌与自然科学的联系更加紧密了，科学训练也逐步提到了日程上来了。

桥牌与数学

桥牌中存在着许多简单而又有趣的数学问题。每副牌为52张，每个牌手持13张牌，每副牌有四种花色，每种花色为13张，于是，52、13、4成为桥牌基本数字。判断桥牌牌力的简单方法是计算大牌点，A=4，K=3，Q=2，J=1，每副牌有4个A，4个K，4个Q，4个J，合计大牌点为40点；桥牌规定的基本墩数为6墩。只要你懂得简单的加减运算你就可以学桥牌，体会桥牌的乐趣。

桥牌中还存在着复杂高深的数学。52张牌四种花色，分为四组，每组13张，可以出现多少种分布呢？这是数学排列组合问题。它有$5.36×1028$种组合。相当于一个每天看5000副牌，看完全部的变化需要30万亿年。可以说桥牌的变化是无穷的。

桥牌的分布情况则与数学概率关系密切。桥牌运动是盲视性智力运动，在打牌过程中，出牌方向是按顺时针走。在打牌时判断牌情，特别是某张大牌的确切位置及某门花色的实际长度，是十分重要的。桥牌中的许多约定都不是必然能成的，输赢只在一念之差。这也就是桥牌神秘诱人的地方。桥牌高手能够迅速地对牌的分配作出概率分析，进而选择胜率较高的打牌路线或方案。在具有某些大牌组合的花色套中，往往存在着多种打法，这就需要对各种打法的成功概率有所了解，从而选择成功机会最大的打法，这也是做庄技术中的基本功。下面就一些常见的单套打法的成功概率作比较。

例如：北持 A Q 3 2，南家持 6 2 5 4，要想在此单套牌组中取得 2 墩牌，有以下几种打法。

一种打法是由暗手出牌明手用 Q 飞。只要 K 在西手即可得 2 墩牌。这有 50% 的成功机会。还有当这花色套为 3—3 分配时即使 K 在东手可得 2 墩。其概率 P=1/2×35.5% =17.8%，因此，这种打法取得 2 墩的成功概率为∑P=50% +17.8% =67.8%。如果先打掉 A，然后再由暗手引牌，当西跟出小牌时明手出 Q，则多一个打下东持单张 K 的机会。其概率 P=1/6×14.5% =1.2%。这种打法成功概率∑P=67.8% +1.2% =69%。

还有一种打法是先拔 A，然后明暗手都出小牌，送给对方一墩，最后由暗手出牌。如西跟出小牌时，明手出 Q 则增加了东持双张带 K 的成功机会。2—4 分配的概率为 48.45%。东持双张带 K 的各种打法的成功概率有所了解，从而选择成功机会最大的打法，这也是做庄技术中的基本功。因此，这种打法总的成功机会为 77.1%。它显然优于前面打法。

桥牌与逻辑学

桥牌与棋类运动的最大区别是在于桥牌属于盲视智力运动。牌手不单单靠计算，更重要的是靠逻辑推理。凯尔西在他著《桥牌推理艺术》的序言中指出："对于初学者来说，其所获的成果九成是靠资质，只有一成靠逻辑推理。对于一个已经具有某些有关的思维路线的较有经验的牌手，可大致估计为相等的一半逻辑推理和一半资质所构成。对于专家牌手，他或许会赞赏这种幻想，但他内心非常清楚，在他的成功之中，资质只起微乎其微的作用，他的桥牌技艺几乎完全建在逻辑推理之上。"由此可见，桥牌技艺的逐步提高的基础是逻辑思维能力的提高。

桥牌中普遍存在有许多简单的逻辑命题，在打牌过程合理地运用这些逻辑命题进行推理演绎，并指导自己的攻防战略、打牌路线，就会获得出乎意料的成功。逻辑学有许多原则，在桥牌桌上最普遍应用的逻辑论证方法，是古老的亚里士多德的三段论。它是由大前提、小前提、结论三部分组成。例如：

东

黑桃：5 2

红桃：J 10 5

方块：A 9 8 7 4

草花：10 8 2

南

黑桃：Q J 8 7 4

红桃：8 2

方块：K J 6

草花：A K 6

西

黑桃：A 6

红桃：K Q 9 6 4

方块：Q 3 2

草花：9 6 3

北

黑桃：K 10 9 8

红桃：A 7 3

方块：10 5

草花：Q J 7 5

东南西北双方无局，西首叫——*1S*，——*3S*，——*S*。

大前提——如果西家持有 *13* 点大牌点，他是会叫的。

小前提 ——西没有开叫。

结论——因此西不持有 *13* 大牌点。

当我们把这一推论随着打牌而运作时，逻辑链条就一环扣一环的扩展开来。例如：

大前提——西没有 *13* 点。

小前提——已知西持有黑桃 A 和红心 K Q。

结论——因此西不可能再有 A。

下面就是实际应用推理的一个牌例。

西首攻红心 K，庄家让他得进这墩牌。由于东跟红心 J 鼓励，所以西再出红心 6；明手红心 A 赢进。接着庄家由明手出小黑桃给黑桃 J 和黑桃 A，西继续出第三轮红心 Q 让南将吃，南打一将牌给明手黑桃 K，肃清外面的将牌，现在的问题是需要避免丢失 *2* 墩方块，才能完成定约。依据前面的推理，因此，东必然拥有方块 A，在东打小方块时，就须立即上方块 K。这表明，对于思维混乱的人来说，只可能是一个猜断；而借助于逻辑推理就把这一种猜测变成一个几乎肯定的结论。

桥牌与信息论

桥牌运动中充满了信息交换，叫牌过程的实质就是信息交换或信息表述过程。通过叫牌过程将自己的牌点与牌型告诉同伴，从而建立最佳的定约。打牌过程也存在许多信号。有长度信号、欢迎信号、引导信号、将牌信号。

熟练地掌握和运用桥牌信号，对于牌手来说是最为重要的。例如，在叫牌中，每一叫品都有它的明确的真实含义。在不同的叫牌体系中，同一叫品有不同的含义。这对桥牌选手来说，正确的发出叫牌信号，以及正确的理解叫牌信号内容都是十分重要的。牌手发出的信号，不仅是同伴知道，对方也能从中获得信息。利用这些信号，制订自己的叫牌和打牌的方案，是桥牌牌手智力对抗的基本内容。

叫牌信号是叫牌体系所规定的信号，不仅同伴理解，对手也会知道。把信号发出去，告诉同伴最为重要。因此，要严格地遵守叫牌体系规定，发出正确的信号。例如，开叫信号有：不叫，表示 13 点以下，花色叫表示 13 点以上，所叫花色为五张以上；无将叫，13 点以上，平均牌型。不遵守正规的叫牌体系的叫牌属于自由叫，正式比赛是不宜采用的。

打牌信号不像叫牌信号有严格的限制，它是牌手实践经验的总结，在出牌过程中有效地利用信号，对于防守方来说是重要的课题之一，如首攻信号、将牌信号、大小双张信号等。防守方在出牌过程中，及时地表示出自己情况并有效地传递给自己的同伴常常是击败定约的关键。而做庄的一方，通过这些信号的分析，采用正确打牌路线也是完成定约的要领。

2. 洗牌与发牌

打桥牌首先进行的是洗牌与发牌。四人择座以后，按顺时针方向轮流发牌（一般从北家开始）。发牌者可将准备好的扑克牌（去掉王牌后的 52 张）洗几遍，交给右边一家切牌。然后发牌者将切好的牌一次一张分发给四个人，按顺时针方向从左边一家开始发牌，直到发完全副 52 张牌，共 13 轮，最后一张牌轮到发牌人自己。此时每家的面前有 13 张面朝下放着的牌。在发牌过程中，发有明牌要重发，发错牌也要重发。此外，在拿你的牌之前要等牌发完，这也是打桥牌的礼节。当以四人组成一队，进行队际复式比赛或其他比赛中，来前可把预备要打的牌全部一次发好，放入牌盒内，以备比赛时用。

3. 花色级别

完成洗牌和发牌以后，叫牌便开始了。发牌者优先开叫，他根据自己的牌可以叫也可以不叫，然后由他左边一家叫，这样依次往左就像发牌一样轮流进行。叫牌时应根据自己手中牌的内容，作出"不叫"或叫出一个数字带花色（或无将）。数字表示定约在赢6墩牌以上要赢的墩数，花色指将牌花色，无将的意思是指没有将牌花色。

任何一家叫牌以后，其他家接着叫牌时，就形成了竞叫。竞叫时要注意数字和花色的级别。任何一家在轮到他时可以叫更高级别的牌，只要在前一家同类墩数上叫更高一个数，或在更高一类花色（或无将）上叫同一墩或更高墩数均可。花色（或无将）级别从大到小的排列顺序如下：无将（NT）、黑桃（S）、红心（H）、方块（D）、梅花（C）。

例如，叫1黑桃比叫1红心高，叫2梅花比叫1NT高。

不同的花色级别在桥牌计分中也有区别，黑桃和红心称为高级花色，方块和梅花称为低级花色，在定约方完成定约时，高级花色比低级花色叫得的基本分要多，无将定约则更多。（具体详见记分规则。）

4. 牌的估算

牌力就是牌的赢墩的能力。不论是开叫、应叫、再叫等都需要先行估算手中的牌力。牌力由牌的大牌点和赢张决定。

由于一墩牌的胜负是比较各人所叫牌的大小，大者胜，因此拥有较多的大牌是多赢墩的重要因素。在桥牌术语中大牌是指 A、K、Q、J、10。为便于估算手中大牌实力，常将大牌折成大牌点来计算，即按 A=4、K=3、Q=2、J=1 来计算大牌点，10 一般不考虑。此外，在有将定约中，也将除将牌花色外的短花色折算为大牌点，即按缺门为 3 点、单张为 2 点、双张为 1 点来计算。（在估算无将牌实力时不应计算短花色点数。）

估算赢张是指估算牌的赢墩能力，赢张主要包括大牌赢张和长套花色赢张。

大牌赢张一般并不像估算大牌点那样的个别估算大牌，而是把同一花色的大牌组合在一起来计算。如：

A K Q	3 赢张	K Q J	2 赢张
A K J	$2\frac{1}{2}$赢张	K Q 10	$1\frac{1}{2}$赢张
A K ×	2 赢张	K Q ×	1^+赢张
A J 10	$1\frac{1^+}{2}$赢张	K J 10	1^+赢张
A Q ×	$1\frac{1}{2}$赢张	Q J 10	1 赢张
A J 10	$1\frac{1}{2}$赢张	Q J ×	$\frac{1^+}{2}$赢张
A J ×	1^+张	Q 10 ×	$\frac{1}{2}$赢张
K Q J	2 赢张	K ×	$\frac{1}{2}$赢张
		Q ×	$^+$赢张

"×"是指 9 点以下的小牌。"+"可作 1/4 看待。以上所列是指在己方打定约时的大牌赢张。打防守时大牌赢张能力一般是指在叫这

门花色时第一、二轮中能赢墩的大牌赢张。第三轮以后的赢张就可能被定约主或明手用将牌捕吃而难以起作用。下面是防守赢张的大略计算：

A K	2 赢张	A×	1 赢张
A Q	$1\frac{1}{2}$赢张	K×	$\frac{1}{2}$赢张
K Q×	1 赢张	Q×	$^{+}$赢张
K J×	$\frac{1^{+}}{2}$等赢张	J×	不计
		Q J×	$\frac{1}{2}$赢张

长套赢张是根据四张或更多张的同样花色来计算的。长套赢张也是在己方做定约时估算赢张用的。长套按第四张起算。四张套第四张如果是小牌算半个赢张；五张套第四张小牌算 3/4 赢张，第五张小牌算一个赢张；六张套第四、五、六张小牌都算赢张；七张套第四、五、六、七张小牌算四个赢张。以此类推。

计算赢张时，应把大牌赢张和长套赢张结合起来计算，如：A Q××。

前面三张为大牌赢张，算 $1\frac{1}{2}$ 个，第四张小牌算 $\frac{1}{2}$ 赢张，一共是 2 个赢张。

A J××××

A J× 是 1^{+} 赢张，第四、五、六张算 3 个赢张，一共是 4^{+} 赢张。

AT

只有大牌赢张 1 个，没有长套赢张。

桥牌计分规则：下面介绍的桥牌计分规则适用于各种桥牌竞赛。桥牌得分分为基本分、奖分和罚分。

（1）当定约方完成定约。得基本分如下：

有将定约	未加倍	加倍	再加倍
低级花色方块或梅花每一墩	20	40	80
高级花色黑桃或红心每一墩	30	60	120
无将定约			
第一墩	40	80	160
从第二墩起，第一墩	30	60	120

（2）一个定约的完成，不论成局与否，另加奖分如下：

定约方超额完成定约，每超过定约一墩，得分如下：

无局方			有局方		
未加倍	加倍	再加倍	未加倍	加倍	再加倍
基本分	100	200	基本分	200	400

定约方完成任何加倍或再加倍定约　50

定约方完成不成局定约　50

定　完成成局定约

天　300　有局方　500

定约方完成小满贯定约

无局方　500　有局方　750

定约方完成大满贯定约

无局方　1000　有局方　1500

113

（3）定约方完不成定约，罚分如下：

宕墩	无局方			有局方		
	未加倍	加倍	再加倍	未加倍	加倍	再加倍
一墩	50	100	200	100	200	400
二墩	100	300	600	200	500	1000
三墩	150	500	1000	300	800	1600
四墩	200	800	160	400	1100	2200

以下以此类推。

在桥牌竞赛中，一般无局方、有局方是以16副牌为周期而变化的，一个周期内的分配情况如下表：

1 双方无局	2 南北有局	3 东西有局	4 双方有局
5 南北有局	6 东西有局	7 双方有局	8 双方无局
9 东西有局	10 双方有局	11 双方无局	12 南北有局
13 双方有局	14 双方无局	15 南北有局	16 东西有局

一副牌满100分定约为成局定约。显然按记分规则，一次成局定约必须至少完成以7定约：

3无将定约为100；

4红心或4黑桃定约为120分；

5梅花或5方块定约为100分。

比以上低的定约叫不成局定约或部分成局。

当完成加倍定约时，墩牌分数为基本分数的两倍。例如，高级花色在两水平上的加倍定约就能成局（60×2=120分），而低级花色需在三水平上加倍定约才能成局（20×3×2=120 分）。

当敌方叫加倍后，你可以叫再加倍。当完成再加倍定约时，墩牌分数为基本分数的4倍。例如，完成1红心再加倍定约便可成局（30×4=120 分）。

5. 自然叫牌法

自然叫牌法是各种叫牌体制中普遍的、合乎逻辑的叫牌方法，也是绝大多数桥牌手们所遵循的一种叫牌法则。根据自然叫牌法，可以得到如下一般的开叫规则。

大牌13点或以上，是开叫的基本条件。如果你手上的牌具有开叫的价值，就要根据牌型情况，确定怎样叫牌。开叫可以分为两类：开叫无将和开叫花色。下面是各种开叫条件，以便参考。

无将开叫：

一无将	平均牌型，16—18 大牌点
二无将	平均牌型，22—24 大牌点
三无将	平均牌型，25—27 大牌点

花色开叫：

一花色	13—21 大牌点，牌型不定
二、三花色	由赢张决定的阻击叫
四花色	由赢张和战略决定

下面提供的几条规则，使你确定开叫的最低限度值以及怎样的牌应当不叫。

任何持有大牌14点的一手牌必须开叫；

持有大牌12或13点的一手牌，只有当你至少有两个大牌赢张以及一个可再叫花色才可以开叫；

持有大牌10或11点，不仅有两个大牌赢张和可再叫花色，而且有好的高级花色长套，应当开叫；

在两家不叫之后，轮到第三家，持有大牌 *10* 或 *11* 点，连通常应有的两个大牌赢张和高级花色长套也没有，只要能为同伴作出好的首攻，就可以开叫；

当持有的牌达不到上述起码开叫要求时就当不叫。

假定由北家为发牌者，此牌双方无局，发完牌后各家持有的牌如下。

北

黑桃 J *9 3*

红心 K Q J *7 5*

方块 K Q *4*

梅花 K *3*

西

黑桃 K *10 6*

红心 *6 4 3*

方块 J *6 5 3*

梅花 *10 9 2*

东

黑桃 A Q *8 5 2*

红心 *9 8*

方块 A *9 7*

梅花 J *7 5*

南

黑桃 *7 4*

红心 A *10 2*

方块 *10 8 2*

梅花 A Q *8 6 4*

北家为发牌者，应首先开叫。北持有大牌 *15* 点，具有开叫的实力，根据牌型和套子的情况，考虑到红心花色的套子较长，可首先开叫 *1* 红心。东持有大牌 *11* 点和一个 *5* 张黑桃长套，故争叫 *1* 黑桃（以花色级别盖过红心）。南持有大牌 *10* 点，且梅花上有长套，逼叫一轮 *2* 梅花。以数字盖过 *1* 黑桃，西只有大牌 *4* 点，牌力不足，因此不叫。北再叫 *2* 红心（以花色级别盖过梅花），红心是再叫套，即表示红心至少是带有二张大牌的 *5* 张长套。东此时考虑牌型不宜再继续争叫，故也不叫。南认为己方牌型可继续再叫，所以一跃叫副 *4* 红心进局，以数字盖过同一花色。东西两家，由于牌力不足以参与继续争叫，故保持沉默。经过三个连续的"不叫"，南家的 *4* 红心成为最后定约。

叫牌过程：

北	东	南	西
1 红心	*1* 黑桃	*2* 梅花	—
2 红心	—	*4* 红心	—
—	—		

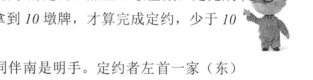

"—"表示"不叫"。最先命名这一花色的是定约执行者，因此北是定约者。根据规则，任何数字的定约，加上 *6* 墩基数，是完成定约要拿到的墩牌数，即北要拿到 *10* 墩牌，才算完成定约，少于 *10* 墩就是宕墩。

北是定约的执行者，北的同伴南是明手。定约者左首一家（东）首先出第一张牌（叫首攻），待首攻第一张牌后，明手把自己的 *13* 张牌明摊在桌面上，让定约者北一个人执行明暗两手的打牌计划，明手在这一副牌的打牌过程中，自始至终只能听从定约者的命令抽取牌张跟打。四家各打一张，成为一墩，每一家各自把刚才跟打出的牌翻暗，一横或一直地放在自己面前，作为计算赢墩的标志，横的属于敌方，直的属于己方。前一墩的胜方为下一墩的出牌方，经过 *13* 墩打完牌以后，根据双方所得的墩数，检查定约完成情况。如果该牌定约方（北、南）拿到了 *10* 墩牌，则刚好完成定约，根据计分规则，红心每墩 *30* 分，共得基本分 *4×30＝120* 分已经成局，加无局方完成成局定约奖分 *300* 分，北南方共得 *420* 分。

6.防守策略

（1）第三家打大牌：首攻方同伴称为第三家。当西家首攻第一张牌，明手摊牌后，第三家应该说对整副牌的局势有了一个大致的了解，第三家打出的第一张牌不仅对同伴之间的出牌具有相互指导意义，甚至有时关系到全局的成败。第三家打牌时要注意运用以下的策略。

第三家一般应打大牌，其目的是赢墩或逼出更大的牌。

北

黑桃 8 7 3

西　　　　　　　　　　　　　　　　　　　　东

黑桃 K 10 6 2　　　　　　　　　　　　　黑桃 Q 9 4

南

黑桃 A J 5

西攻黑桃 2，明手跟了。东应该出 Q，这样就会逼出 A。东以后将通过南攻黑桃 9，而南的 J 就会被飞张所捕获。如果东在第一墩没能打大牌，南就会立即用 J 赢墩，并且将用 A 去赢第二墩黑桃。

第三家跟牌时要跟连接张的最小一张（和首攻时要攻连接张最大的一张相反），这和第三家要出大牌是不矛盾的，它们是相辅相成的。

北

黑桃 6 5 4

西　　　　　　　　　　　　　　　　　　　　东

黑桃 K 10 7 3　　　　　　　　　　　　　黑桃 Q J 2

南

黑桃 A 9 8

118

西出 3，东是第三家，应该出大牌。现在 Q 和 J 是连接的，实际上这两张牌是一样大的，打任何一张都无分别。可是对不明情况的同伴来说就有不同的影响，东打 J，被定约者的 A 拿掉，同伴可以明确知道 Q 在东手（否则定约者要用 Q 拿第一墩的）。以后同伴进手时，可以毫无顾虑地续攻这门花色给东的 Q。假如东第一次出的是 Q，被定约者的 A 拿掉，同伴是无法估计东手中是否还有 J 的。他只会认为 J 在定约者的手中，因而他以后进手时也就不敢打这门花色了。

当同伴出他的长套，若第三家在这门花色上有大牌，应防止对这门花色的阻塞。

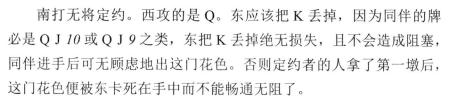

北

4 3 2

西　　　　　　　　　　　　　　东

　　　　　　　　　　　　　　　K *5*

南

南打无将定约。西攻的是 Q。东应该把 K 丢掉，因为同伴的牌必是 Q J 10 或 Q J 9 之类，东把 K 丢掉绝无损失，且不会造成阻塞，同伴进手后可无顾虑地出这门花色。否则定约者的人拿了第一墩后，这门花色便被东卡死在手中而不能畅通无阻了。

第三家往往也可利用"*11* 法则"考虑怎样出牌。当一手牌首攻第四张大牌时，用 *11* 减去首攻牌的点子，其得数便是另外三手牌大于这张牌的牌张总数。这称为"*11* 法则"。假设同伴首攻 *5*，从 *11* 中减去 *5* 等于 *6*，这就向你表明，在明手、定约者和你三手牌中共有 *6* 张大于 *5* 的牌，进一步从 *6* 中减去明手和你手中大于 *5* 的牌张数，便是定约者手中持有的大于 *5* 的牌张数目。

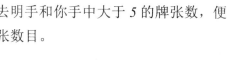

北

黑桃 K 3

红心 A K 9 5

方块 A Q

梅花 K J 10 9 8

西

黑桃 Q 10 8 7 4

红心 8

方块 J 7 6 2

梅花 Q 6 2

东

黑桃 A J 9 2

红心 3

方块 K 10 9 8 4

梅花 A 7 4

南

黑桃 6 5

红心 Q J 10 7 6 4 2

方块 3 5

梅花 5 3

南打 4 红心定约，西首攻黑桃 7（长套第 4 张），明手垫黑桃 3。西这时可以利用"11 法则"计算一下：11 减 7 等于 4，目前明手和自己已经拥有 4 张大于 7 的牌（黑桃 A、K、J、9），可见定约者没有比黑桃 7 大的牌了。因此，东在第一轮时便可以出黑桃 2，让西保持出牌权。西立即转换攻击方块，定约者便无法完成定约了。

（2）第二家打小牌：每一墩的赢者要在下一墩牌首先出牌，紧跟着出牌的为第二家。当你在第二家打牌时，通常打小牌是有利的，这样可以避免浪费大牌去对付小牌。

北

黑桃 K 3 2

西

黑桃 A J 4

南

黑桃 Q 10 5

当南向明手出张小黑桃时，西应该打小牌。这样西第一次忍让了，以后就会拿到两墩黑桃。但是，如果西出 A，定约者就会用自己的 Q 和明手的 K 赢墩。

第二家出小牌虽然是一般的原则，但当遇到以下各种情况时，应分别采用相应的对策。当能捕获到敌方的大牌时应打大牌。

北

K Q 7 4 3

西　　　　　　　　　　　　　　　　东

A 5　　　　　　　　　　　　　　　　10 9 8 6

南

J 2

定约者从手中出 J，西应该用 A 拿。因为 J 也是一张大牌，A 拿了以后，同伴的 10 还能再拿一墩。A 如果忍让，下一次便只能拿到一张 2 了。

当用大牌去盖第一家的大牌，可能造成定约者在同一墩上消耗两张大牌，因而也就有可能为你自己或同伴树立起赢张时，应打大牌去盖。

北

A 4 3

西　　　　　　　　　　　　　　　　东

K 9 2　　　　　　　　　　　　　　　10 7 5

南

Q J 8 6

定约者从手中出 Q，西应该用 K 去盖，用一张 K 挤掉定约者的 A Q，同伴如有 J 或 10 便可以升级了。即使 J 10 都在定约者手中，守方也并无损失，因为 K 本来是拿不到的。

（3）利用信号

当你对同伴所出花色表示欢迎或鼓励时，可以打出一张不必要的大牌来告诉同伴继续攻这门花色。

北

6

西　　　　　　　　　　　　　　　　　东

Q J 9 3 2　　　　　　　　　　　　　K 8 4

南

A 10 7 5

定约是无将。西出 Q，东应该打 8。东应该知道同伴的牌必是 Q J 10 或 Q J 9，为了消除同伴的顾虑，东应打大一些的牌来鼓励西继续攻这门花色。这张 8 是不必要的大牌，因为你手中还有一张 4 可打，但打 8 可以传递鼓励信号。

当在将牌上先打大牌后打小牌表示自己原有三张将牌，否则表示你有两或三张以上的将牌。

北

黑桃 K Q 7

红心 Q 7 5

方块 10 9 2

梅花 Q 9 4 2

西　　　　　　　　　　　　　　　　　　　东

黑桃 A 10 9 8 2　　　　　　　　　　　黑桃 J

红心 8 3　　　　　　　　　　　　　　　红心 K 4 2

方块 A Q 6 4　　　　　　　　　　　　　方块 8 7 5 3

梅花 10 7　　　　　　　　　　　　　　梅花 J 8 6 5 3

122

南

黑桃 *6 5 4 3*

红心 A J *1 0 9 6*

方块 K J

梅花 A K

南打 *2* 红心定约。西首攻黑桃 A，而东的 J 被逼出。自然西再攻张黑桃让东将吃。东用红心 *4* 将吃，然后回出张方块。西赢墩并再攻张黑桃。东用红心 *2* 将吃并再同出张方块。西赢墩并注意到同伴打了将牌信号（大一小信号），这就表示东有第三张将牌，因而再攻第 *4* 圈黑桃是安全的。定约者虽用明手的大将牌红心 Q 将吃，但是被东用 K 盖吃。

有时，你采用先大后小的出牌方法就向同伴发出了你原有的该花色为偶数张（*2* 或 *4*），否则表示为奇数张（*3* 或 *5*）。

北

K Q J *5 2*

西

K *9 4*

东

A *1 0 8 6*

南

7 3

这是一门旁套花色。定约者从手中出 *7*，西应该打 *9* 而不要打 *4*。这是一张不必要的大牌，其作用是告诉同伴自己在打一个双张信号，东可以研究是否要给西吃张，另一个作用也为同伴借此计算出定约者手中有几张牌提供方便。

在打有将定约时，你可以跟出一张不必要的大牌来表示要求同伴出除将牌和现在打的花色之外较高等级的花色，而出小牌要求同伴出较低等级的花色，这种信号称为花色选择信号。

123

北

黑桃 K J 7 6

红心 4

方块 A Q J 6 5 3

梅花 A 2

西

黑桃 8 3

红心 A 6 5 2

方块 10 9 4 2

梅花 Q 7 6

东

黑桃 A Q 10 5 2

红心 K Q J 10 8 7

方块一

梅花 9 8 5 4 3

南

黑桃 A Q 10 5 2

红心 9 3

方块 K 8 7

梅花 K J 10

南打6黑桃定约。西出红心A，东跟K。西知道这是一张不必要的大牌，它要求在现在所出花色——红心和将牌花色（黑桃）之外，出高一档的花色，也就是说，在其他两门花色中要选择出方块。在第二墩时西出方块10，东用将牌吃，从而挫败了定约。假如西不改出方块，守方是不可能拿到两墩的。

欢迎信号和花色选择信号都是运用出不必要的大牌来表示的。怎样区分它们呢？如果这张大牌明显不是欢迎信号时，那就是花色选择信号，否则，均看成欢迎信号，在上例中，明手将牌很多，续攻红心是没有意义的。因此，这显然是表示选择信号。

7. 常用打牌战术

（1）安全打法：安全打法并不是为了在某花色多得一墩，而是要设法确保定约的完成。有时安全打法是要付出一定的代价的，但是只要增强了完成定约的机会，支付一定的代价还是值得的。

北

黑桃 *5 4 3 2*

南

黑桃 A Q *1 0 7 6*

如果南需要全部 5 墩黑桃，他就应该从明手出牌并用 Q 盖。东若有 K× 或 K××，这种打法成功了。如果南可输一墩黑桃，他就应该先出 A，然后可以上到明手并向自己手上出张小黑桃，只要西家不持黑桃 K J×，他都稳获 *4* 墩黑桃。若西家真持有黑桃 K J× 的话，无论怎么出，他都丢失两墩黑桃。

下面一例也极常见，同样不提倡飞张办法。

北

A Q *6 4 3*

南

7 5 2

这个结构, 无论外面如何分布你也要必输一墩。因此可以先打掉 A，以后再从手中出牌投向明手。如果 K 在西家，那就让他拿，你反正是必要输一墩的。如果东是 K× 两张，你在第二轮时忍让一次，你也还是只输一墩。假如东是单张 K，第一张打 A 就正合适了。

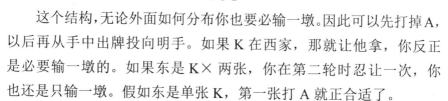

北

A *5 3*

南

K J *4 2*

假如要求在这个结构上稳赢三墩（排除西有 Q 1 0×× 的可能性）。正确的打法是先打手中的 K，再打 A，然后从明手出牌回手。只要西没有四张，任何分布情况都不怕了。

（2）投入打法：这种打法具有两个方面的含义，一是消除敌家有效回攻的花色；二是用输牌将出牌权"投入"敌方的某家，使他不得不出你所需要的花色而遭受损失。

北

黑桃 Q 8 4

红心 10 4 2

方块 10 9 6 3

梅花 J 6 4

西

黑桃 9 6 5

红心 Q J 8 5 3

方块 8 5 2

梅花 K 7

东

黑桃 J 10 7 3 2

红心 K 7

方块 7 4

梅花 10 9 5 2

南

黑桃 A K

红心 A 9 6

方块 A K Q J

梅花 A Q 8 3

南打 3NT。西首攻红心 5，东用 K 赢第一墩，并回出红心，南用 A 赢墩。（南不在第二次忍让出 A，是因为他已推算出红心 9 将起重要作用。）南可以自己用大牌赢 8 墩，但不能上手到明手出黑桃 Q。正确的打法是，南在用红心 A 赢了第二墩之后，南出黑桃大牌和全部 4 张方块。这就是"消除"过程。然后南出红心 9，这就是投入打法。西可以拿他的红心墩，但他必须向明手的 Q 攻张黑桃，或者向南的 A—Q 攻张梅花。不管西采用哪种打法，南都能得到他的第九墩牌。

（3）交叉吃张打法：这种打法是指定约者和明手的将牌不是用来吊出守方手中的将牌，而是分别地用来吃张，这就形成了交叉吃张打法。这种打法在定约者和明手分别有两门不同的缺门或短花色时适用。这时能充分运用双方的将牌赢得更多的墩。由于将牌主要用于交叉吃张，故在打法上不宜吊将牌。

北

黑桃 A K 7

红心 5

方块 J 8 6 4 3

梅花 A J 1 0 2

西　　　　　　　　　　　　东

黑桃 J 4　　　　　　　黑桃 Q 9 8 6 2

红心 K Q J 7 6 3　　　红心 1 0 9

方块 A Q　　　　　　　方块 K 1 0 9 7 2

梅花 8 5 4

南

黑桃 1 0 5 3

红心 A 8 4 2

方块 5

梅花 K Q 9 7 6

南打 5 梅花。西出红心 K。定约者必须看到，如果他吊三轮将牌，他就绝对不可完成定约，因为一定要用明手吃三次红心才能拿到 11 墩。为了要取得进手，定约者必须要靠吃方块，因此他立即出手中的方块 5，西的 Q 拿了。西当然完全明了定约者的意图，所以立即打回一张将牌企图削弱定约者吃张的能力，可是已经太晚了。定约者的梅花 6 拿了这墩，并用明手吃一墩红心。接着，定约者打掉黑桃 AK，再吃方块回手，明手吃第三轮红心，定约者再吃方块四手，明手吃最后一张红心。至此定约者只剩一黑桃输张，一共拿到 11 墩牌。

（4）明手主打法：这种打法是定约者更多地利用自己的将牌吃

张，而把明手变为长套将牌的一方。明手有强大的将牌肃清守方的将牌和定约者手中有一个短套是运用此法的基本条件，当然这时运用明手主打法效果也显著。

北

黑桃 9 6 4 2

红心 Q 10 9

方块 K J 4

梅花 A Q 2

西　　　　　　　　　　东

黑桃 A K 10 7 3　　　　　黑桃 Q 8 5

红心 8 5 2　　　　　　　红心 7 5

方块 9　　　　　　　　　方块 10 7 5 3

梅花 J 8 5 4　　　　　　梅花 K 10 7 3

南

黑桃 J

红心 A K J 6 4

方块 A Q 8 6 2

梅花 9 6

南打 6 红心。西首攻黑桃 K，接着改攻梅花。定约者用梅花 A 拿了第二墩，便吃一张黑桃回手。再出小将牌用明手的 9 拿，出第三张黑桃，手中用红心 K 吃。再出红心 J 用明手的 Q 盖拿，然后用红心 A 吃明手最后一张黑桃。这时定约者手中已没有将牌，明手和西还各剩一张将牌。定约者出小方块到明手去，用红心 10 吊出外面最后一张将牌，然后用四墩方块来完成定约。明手拿进三墩将牌，一墩梅花；定约者吃过三墩黑桃，另外还拿了五墩方块，合计 11 墩牌，定约完成了。

（5）紧逼法：紧逼法是各种打法中最复杂的一种，有许多种紧逼方式。在这里仅仅就了解什么是紧逼法，举一个基本的例子。

北

黑桃 Q 10 9 6

红心 Q 9 6 4

方块 K 8

梅花 A K 8

西   东

黑桃 3   黑桃 5 4 2

红心 A K J 10   红心 8 2

方块 9 6 4   方块 Q J 10 5 3 2

梅花 Q J 9 5 2   梅花 10 7

南

黑桃 A K J 8 7

红心 7 5 3

方块 A 7

梅花 6 4 3

南打 4 黑桃。西首攻红心 K。东出 8 作信号，西继续出红心 A，东出 2 完成大一小信号。西下步出红心 J，定约者从明手出红心 Q，东将吃。东同出方块 Q，南赢该墩，吊将牌，并出剩下的方块大牌。南连续出剩下的将牌。当最后一张将牌被打出时，其情况如下：

北

黑桃一

红心 9

方块一

梅花 A K 8

<table>
<tr><td>西</td><td></td><td>东</td></tr>
</table>

西　　　　　　　　　东

黑桃—　　　　　　　黑桃—

红心 10　　　　　　　红心—

方块—　　　　　　　方块 J 10

梅花 Q J 8　　　　　梅花 10 7

南

黑桃 A

红心—

方块—

梅花 6 4 3

南出黑桃 A，西必须垫牌。如果他出红心 10，明手的 9 就成了赢牌。从明手出张小梅花，并用梅花大牌和这张红心拿下最后三墩牌。如果西不出红心而出的是张梅花的话，那么明手所有的梅花都将成了赢牌。从明手出红心 9 并用梅花赢最后三墩牌。总之，西无论垫哪一张牌，都会使定约者多出一个赢张来。南出的黑桃 A 称为紧逼张，使西受到紧逼，迫使西不得不放弃他的赢张。

上面举的例子是单紧逼，即只有一个敌方受逼。此外，常用的紧逼法还有双紧逼和假紧逼。双紧逼是使两个敌方同时受逼，当某一敌方要保护一门花色，另一敌方要保护第二门花色，他们就谁也不能保护第三门花色。假紧逼是指不是真正的紧逼，有时定约者并不具备紧逼的条件（没有对敌真正的威胁张）。可是当他打出一连串的长套时，守方在垫牌时感到不知所措，好像真的被紧逼了一样，往往在盲目中垫错了牌而给定约者可乘之机。

8. 牌型分布计算

打牌中的计算，就是要能根据自己手上和明手的摊牌以及各种信息推算出防守方的牌和牌型分布。当然这种计算有时是带有估计性和尝试性的，但在打牌过程中，养成随时进行计算的习惯，就可逐渐提高你的计算能力的技巧。当你通过计算而得知部分或全部守方牌情时，打起牌来将会得心应手，同时你也感到了计算的重要性。

北

黑桃 K 5 4

红心 K 10 5

方块 K 10 4

梅花 A K 5 3

西   东

黑桃 Q J 10 6   黑桃 A 9 8

红心 6 3   红心 7 4 2

方块 Q 9 8 3 2   方块 7 6

梅花 10 6   梅花 Q J 9 8 2

南

黑桃 7 3 2

红心 A Q J 9 3

方块 A J 5

梅花 7 4

南打 4 红心。西首攻黑桃 Q，防守方迅速拿下三墩黑桃。然后出张梅花。定约方需要拿下剩余的墩，于是南不得不去计算哪一敌家有方块 Q。定约者在明手用梅花 K 赢第四墩，并吊三圈将牌。西在第三圈将牌上垫方块 2。定约者拿梅花 A，并再将吃一墩梅花。西垫最后一张黑桃。南这时通过计算得知，西开始正好有四张黑桃，两张红心和两张梅花，于是西正好有五张方块。剩下的两张方块就在东家了。南仍不能断定谁有方块 Q。因为该花色是 5—2 分布，所以（西）有 Q 的机会是 5：2。这虽不能肯定，但总比单纯的猜测要好得多。南遵循这种可能性去打牌，先出方块 A，然后通过西的 Q 飞张。

对防守者来说，同样可以进行计算。

北

黑桃 J 10 9

红心 K 10 7 4

方块 Q 9

梅花 A J 9 6

西　　　　　　　　　　　　东

黑桃 Q 8 6 2　　　　　　黑桃 K 7 4 3

红心 5 2　　　　　　　　红心 Q J 9 3

方块 A 8 6 3 2　　　　　方块 K 4

梅花 7 3　　　　　　　　梅花 10 4 2

南

黑桃 A 5

红心 A 8 6

方块 J 10 7 5

梅花 K Q 8 5

叫牌过程：

南	西	北	东
1 梅花	—	1 红心	—
2 红心	—	3 梅花	—
3 NT	—	—	—

西首攻方块 3，明手出 9，东用 K 赢。按一般常规东应回出同伴所攻的花色，但通过下面的计算之后，东改变了出牌花色。

西首攻的是方块 3，尚未见到 2。可能在西手中，这意味着西有五张套而首攻第 4 张牌。由此东计算出方块的分布情况：同伴有五张，明手两张，自己有两张，显然南有四张方块。也就是说，东、西两家在方块上并不是很强。接着计算梅花，南叫过梅花，可以假定有四张梅花。虽然偶尔也会叫三张套梅花，但在有四张套方块时，南就不会叫三张套了，因而东计算出定约者在每种低级花色上有四张牌。南升级红心，但以后又叫无将，显然他有三张套才升级。如果南只有两张红心，他根本就不会升级；如果他有四张红心，就不会叫无将而回叫高级花色。到这里东已计算出定约者的 11 张牌了。很明显南只能有两张黑桃。

于是东在第二圈改出黑桃 3，南出小牌，西用 Q 赢。西回出黑桃 2，定约者从明手出 J。东很清楚自己最好别盖。东出了张小牌，南只好用 A 赢这一墩。南在大牌上只有七墩。他为了赢九墩必须靠方块。因此，西拿方块 A 并再出张黑桃，用三墩黑桃和两墩方块击败定约。

可以利用各种情报和信息作为打牌时计算的依据。

叫牌情况是计算依据的一个来源。例如，如果他有力地叫出两门花色，你就估计他该两门花是 5—5 或 6—5 套；如果他叫无将，你就估计他有平均牌型。

有时首攻的情况也使你能计算出一门花色。例如，有四或更多张牌的花色常常首攻第四张牌。当首攻 3 然后出 2 的牌手，说明他有五张套；从长套中首攻 5 然后出 3 和 2 的牌手，说明他有六张套；等等。偶尔也从三张套首攻；在极少见的情况下，为了欺骗定约者，牌手也前攻第五或第六张牌。

从敌方的出牌信号中也能获得计算的情报。例如，一防守者向其同伴打有双张的信号，定约者也应该注意到这个信号，将牌上也有类似的信号。

第二节 扑克牌

1. 54 张牌的称谓与含义

扑克牌有 4 种不同的花色。俗称黑桃（Spade），花色的符号为矛头形；俗称方块（Diamond），花色的符号为钻石形；俗称草花（Club），花色的符号为三叶草的叶片形；俗称红心（Heart），花色的符号为心形。

这 4 种花色是古代卜巫用具上的符号：黑桃人头牌（Court Cards）和 10 张点数牌（Sport Calds）。点数牌中的 A，在一般情况下是最大的牌，在 A 之下依次为 K、Q、J、10、9、8、7、6、5、4、3、2。K 通常表示国王，Q 表示皇后，J 代表侍卫。

经研究，扑克牌的张数和点数与天文学有着不解之缘。扑克牌有 52 张牌，而一年正好有 52 个星期；扑克牌有 12 张人头牌（J、Q、K），而一年又恰好有 12 个月；扑克牌有 4 种花色，一年也正好有 4 个季节；扑克牌有大怪、小怪，而天空中正好有一个太阳、一个月亮；扑克牌有红、黑两色，而地球上又恰好有白天、黑夜。另外，倘若将 J、Q、K、A 分别算作 11、12、13、1 点来计算，大小怪各以半点计算，再将整副牌点相加，正好是 365 点，与一年中的 365 天相等。从数学角度看，扑克牌也有一定的规律性，扑克游戏有章法可循，又能变幻无穷，因而久盛不衰。

2. 玩扑克的方式

玩扑克一般先要抽牌决定座位和分牌权。一人将扑克牌扣放桌上，每人抽一张，比谁的牌大，从大到小按逆时针方向入座。也可将一张牌明放在牌堆里面，谁发到明牌就先出牌。

决定了座位和分牌权后，就是洗牌。洗牌就是将纸牌混和。

洗牌后就要切牌。洗牌者将洗好的牌交给自己右方的人，该人接牌在手，移动若干纸牌到牌堆的下方。

切牌之后，就是分牌。分牌人分牌时，以左方那人开始，顺时针方向给每个人分发一张牌。

分牌后便可以玩牌了。玩牌的方式多种多样，大致可分以下四类。

（1）技巧性方式，如桥牌、塔牌、赛塔、鸳鸯牌等。

（2）竞赛性方式，如百分、两人百分、四人百分等。

（3）忍耐性方式，如通关。

（4）变化性方式，如各种扑克魔术。

3. 扑克牌常用的名词术语

扑克牌中的名词术语种类繁多，不同的玩法有不同的术语，以下介绍一些常用的名词术语。

（1）座位：打牌者在牌桌上的位置。有两人的、三人的、四人或六人的，一般是对坐或围坐在一起。

（2）牌手：在牌桌上打牌的几个人中的任何一人；或者在桥牌桌上打牌的两对对手中的任何一人。

（3）对手：与本方对抗的比赛人或队。

（4）洗牌：将牌混合，并打乱该牌原有的秩序。

（5）切牌：也叫"倒牌""搬牌"。为防止洗牌人作弊，洗完牌后，再将牌由上向下倒一下。

（6）出牌：亦称"首攻"，是指打牌过程中，拿牌到手后，带头打出来的一张牌。有时在一轮中首先打出来的一张牌也叫出牌。

（7）跟牌：出牌之后，另外的人跟着打出来的牌。

（8）将吃：对打出的将牌以外的副牌花色的牌，用将牌来赢进。

（9）垫牌：在出牌过程中，出一张无用的牌（在规则允许的情况下）。

（10）逼出：强迫对方打出一张大牌，即攻出或跟出一张足够大的牌，迫使对方用最大的一张牌来赢进；或连续打出这样的大牌，直到对方用最大的一张牌赢进为止。

（11）打死：表示捉死或捉住；剥夺掉一手牌可能有的任何进张，使之变为死牌。

（12）缺门：原始的一手牌中，缺某一花色的牌。

（13）将牌：也叫主牌。有将定约中，一种特定的、级别高于其他花色的牌。将牌中最小的牌也要比其他花色牌中最大的牌大。

（14）副牌：有将定约中，除将牌之外其余三种花色的牌。这三种花色之间，无高低之分。

（15）分数牌：在以计算分数为取胜手段的游戏中，带有分值的牌。如"百分"中的"5、10、K"，"拱猪"中的"黑桃Q、方块J、13张红心牌"等。

（16）连张：又称"顺子"。两张以上的、级别相连的牌。例如：A、K、Q（三连张）；10、9、8、7（四连张）；7、6、5、4、3（五连张）。在有些牌戏中，同花色的连张牌要大于不同花色的级别更高的连张牌。如方块3、方块4、方块5要大于方块K、红心Q、梅花J。方块3、4、5称为"同花顺子"。

（17）牌墩：一人首攻后，其余几人依次各打出一张牌，这样的几张牌即构成一个牌墩。

（18）底牌：通常为牌手抓剩下的、专门供庄家（也称主打人）打牌时，调换用的牌。

（19）配合：玩牌时，同一家牌手之间的默契合作。

（20）态度：一个牌手对其同伴攻击或继续攻出的花色，所显露出的高兴或不高兴的表示。

（21）机会：所有各种牌戏中显现出的幸运或厄运有关的因素。

（22）分析：对打牌情况的估计。

（23）牌感：在牌戏中，特别是在桥牌中牌手的一种特殊的才能。

（24）次牌：一手牌中某些特别无用的牌张。

（25）牌风：玩牌过程中的作风，包括道德、礼貌等。

（26）犯规：牌手违反规定或精神的行为。

4. 扑克牌的玩法

扑克牌的玩法很多，著名有如下几种：大百分、升级、三打一、敲三空、拱猪、攻撮、争上游、捉黑A、五十K、鳖7、51分等一百余种。其玩法因人而异，可两人，也可三人，也可数人，是老少咸宜的娱乐活动。

5. 扑克的行牌技巧

扑克庄家的确定

在扑克游戏中，决定庄家的方法一般有三种。

（1）抽牌决定。由参加者从扑克中各抽一张牌，数字最大的人就是庄家。例如抽出的牌是K、J、10、5，抽到K的人就是庄家。

（2）按方向决定。玩家四方坐定，由坐东者先当庄家，然后依次为南、西、北，轮流坐庄。

（3）以切牌来确定。每个人可以切牌一次，上半部分的最下一张牌点最大的就是庄家。

在玩牌以后的局次中，决定庄家的方法通常有2种。

（1）前次比赛中的赢家当庄家；

（2）前次比赛中坐在庄家右边的当庄家。

扑克的洗牌技法

在玩扑克牌时，洗牌是首要任务，同时也是实战中最重要的一个环节。下面就介绍几种常见的洗牌方法。

（1）交叉洗牌法

这是一种为大家熟知且应用广泛的方法，因此每位爱好者需要达到熟练掌握的程度。

右手拇指放于牌的一端，食指则顶在牌的背面，其他三指放在另一端，这样就握住了整副牌。左手拇指在整副牌的大约一半处把牌分开，左右手各持一半牌。

左手握牌的姿势和右手一样。

待两手都准备好后，左右手分别把牌贴于桌面上，把牌的前端放于能够互相重叠的位置，然后双手同时使牌一张张交叉落下。

所有的牌都落下后，双手把交叉的牌往中间推挤，然后把牌弄整齐，这样牌就洗好了。

（2）上下洗牌法

左手拿一副牌，手指放在合适的位置，这时牌要稍微向上倾斜。然后，右手把左手中约2/3的牌抽出来，再放到左手的牌上面。

这样不断重复着，直到将牌洗好。

（3）平拉式洗牌法

左手拿牌，拇指和其他四指分别放在牌的长边上。然后用右手拇指和食指抽出底部约 3/4 的牌，这个时候，右手的手指要放在牌的尾端处。

牌拉出后，左手的手指稍微放松，那么剩下的牌也就落在了手掌中。

然后把右手抽出的那叠牌放到左手的牌叠上面，再抽出这叠牌的大部分，左手里只留下一小部分。

左手稍微松开，把那剩下的一小部分落下来。

左右手不断重复上述动作，完成洗牌。

（4）印度洗牌法

这种方法最初是因印度魔术师在欧美表演经常使用而得名。

左手拿牌，右手拇指和食指、中指拿着牌的下半部分，并将这部分牌抽出来。

接下来把抽出的这部分牌放到左手牌的上方，同时放松左手，使上半部分牌掉落到左手里。

然后用左手拿着右手抽出的下半部分牌，接着用右手抽出中间的部分。

不断重复上述动作，即可把牌原有顺序洗乱，完成洗牌。

（5）利伏六洗牌法

这是一种让人大开眼界的洗牌方法。它是学牌技者的必修课。这种洗牌法有不同的手法，下面只对标准手法进行介绍。

右手拿牌，姆指放在牌的前端，食指稍微弯曲并顶在牌的背面，其他三指放在另一端。

然后伸开左手，四指并拢，手心向上，把牌放在四指的前端，这时右手姆指慢慢放松，使牌的下半部分落在左手上。

左手食指的指尖放于左手牌的背面，左手的中指、无名指、小拇指弯曲，在右手帮助下，把左手中的牌竖起来。

左手姆指放在左手牌的上端。这时，食指放于牌的背面靠中部位，这时，左手的动作与右手基本相同。

两手分别用力，将牌弯曲成相同的弧度，除拇指外，其余四指都保持弯曲，使得两手牌的上端正对着。

伸出食指，并与其他三指并拢。这时，拇指的力量要控制好，并慢慢放松其他手指。

此时牌就会往相反方向飞，并依次叠在一起。

最后，双手稍微用力使牌往中间推挤。这样，洗牌全过程就完成了。

（6）公正洗牌法

左手持牌，右手抽出左手牌的下半部分，剩下的一部分，用左手的拇指稍微向下压。

然后，将下半部分牌放在左手的牌顶上面，左手拇指插入两部分牌之间，让两部分开，再继续将左手的下半部分牌抽出，放在左手牌顶上面。

此时，若是有你想要的牌，在两部分牌互相交换前，来改变拇指的插入位置，把需要的牌搬到整副牌的顶面或底面，那么你的洗牌任务也就完成了。

（7）顺序洗牌法

不管你手中有多少张牌，在抽洗牌时，首先将下部分的牌拿到最上面，或是拿一张，或是拿一叠，但必须均匀。

要注意在是，不能从牌的中间直接抽牌，或将抽出的牌插入中间去，这是最重要的一点。

此法洗牌，这叠牌原来的顺序没有变化。

（8）过手洗牌法

这是洗牌方法中比较简单的一种，很容易学会。

洗牌时任意控制一张牌而不会被其他人发觉。这是扑克游戏中不可缺少的一种洗牌技法。

右手拇指和其他四指拿着牌的两端，左手拇指按住牌的右边靠上一些，顺便勾住一叠牌（约占整副牌的 1/3），其他四指准备接牌。

双手分开后，左手拇指勾去的那部分牌也就落到了左手里。

然后用右手拿住牌的两端，左手按在牌的右边，并勾住 1/2 的牌，然后重复相同的动作。

最后把右手剩下的牌放到左手牌的上面，这样过手洗牌也就完成了。

（9）单手花式洗牌法

这种玩法不是很难。有些人看到"花式"二字认为这种方法非常复杂，不敢轻易去学。

事实上，只要你认真练习，遵循正确的方法，很快你就能学会。

牌底对着掌心，牌的背面向上，拇指贴于牌的左边靠上一些。

中指、无名指、小拇指贴在牌的右边。中指处于中心线上，小指放在牌的底端，以防牌滑落。

大约在中间的地方，用拇指分开，把下半部分的牌落在手掌中，我们称这部分牌为甲，留在手指上的牌为乙。

食指离开原来的位置，稍微向下弯曲，并贴着甲的底端。把甲往上推起，其一边顶在了拇指的根部，使甲的另一边与乙成为直角状态，随后拇指把乙放开，变成拿着甲的姿势，食指伸开后，乙也就落在了手掌上。

最后松开甲，使两叠牌重合起来，洗牌工作也就完成了。

刚学会此洗牌法时，由于不太熟练，两叠牌不容易控制，那更要用心去学，只要勤奋练习，很快就能达到熟练程度。

（10）鸽尾式洗牌法

取一副牌，然后把牌分成大致相等的两份，两手各拿一份，牌面要稍微倾斜，食指顶住牌背，拇指放在牌的前端，中指、无名指放在牌的下端。

然后双手分别用力，使牌弯曲到一定角度，用拇指将牌逐张落下去。

拇指处的牌全部落下去之后，把牌理顺，也可以把牌弯成桥那样，再使牌合起来。方法如下：

首先把两拇指放在两叠牌的交叉处，两手指同时用力向里压，这时拇指要按着牌的上面，以免牌飞起来。

但是手指的压力不要过大，稍微放松一些，使牌与桌面保持平行。

这样只要将手向外移一些，牌就会落入手中，成为一叠较整齐的牌。

（11）双手展牌的方法

在众多纸牌节目中，双手展牌是最基本的动作。

双手展牌动作的熟练程度如何，直接体现出你的水平的高低。所以，你必须熟练掌握，运用自如。

双手展牌的方法如下：

左手拿牌，右手做好准备工作，左手拇指放在牌的顶面上，将牌逐张往右推动，右手接着推来的牌，右手的四指协助左手把牌整齐，上面的动作不要停下来，待两手中的牌大致相等时，整副牌也就均匀地展开了。

你要一直进行从左手到右手的推牌动作。

当牌全部展开后，你就可以进行表演了。

比如，要从里面任意找一张牌，或是请别人从中抽一张牌等。但是要注意，你在双手展牌时，动作要自然，牌尽量展得均匀。

6. 扑克的派牌窍门

牌洗完后，接下来就开始发牌。发牌也就预示着扑克游戏的开始，因而这是很重要的一个环节。

发牌是有一定要求的，要从自己的左侧发起，最后才发给自己。

分牌张数在不同的扑克游戏中也是不同的，主要根据需要而定，原则上是逐张发。

若要每人发六张时，则逐张来回发六次。

但是要将整组牌发完时，逐张发太慢，可以两张一起或三张一起发，或是上下各一张的一次两张发。

牌没有发完时，其他人的手是不能触牌的，等牌发完后，才能去取自己的牌。

（1）派扣顶牌法

在扑克游戏中，有许多玩家习惯在开始几盘中把比较大的牌作上暗号。

有的用指甲在牌边按一个凹口，有的用烟灰把牌弄脏，有的则涂上特制的墨水，还有的用小针在牌背上扎孔等。也有一些玩家，在玩时使用已经做记号的牌。

不管靠什么方法来记牌，目的只有一个，都想使自己能够了解对方的牌，而且把有利的牌派给自己。

比如在派牌时，派到一张做上了记号牌，说明这张牌 J 牌，那么就把它扣下来，把它下面的牌派给别人，轮到派给自己或是搭档时，再把这张 J 牌派出去。

很明显，派牌者的动作要娴熟，看起来像派顶牌一样，不要让其他人有所怀疑。

然后左手拿着牌，做出准备发牌的姿势，这时拇指按住牌，靠近牌的前端，其他四指放在牌的右边，指尖与顶牌相平。

左手拇指稍微向下拉动牌，把顶牌下移一些，使第二张牌露出一部分。右手拇指和食指把这张牌拉出。待拉出这张牌后，左手拇指迅速把顶牌复位。

整个派牌的假动作是在一瞬间完成的，同时还可以继续下去。

在两手距离靠近时，左手拇指再次把顶牌向下移一些，此时右手把下面的一张牌拿出来。

由于速度比较快，其他人并没有看到，以为拿的是顶牌。

如果你非常想学这种技巧，你可以先学习拿起顶牌的假动作，然后再不断加快速度。

但是还要注意一点：使用这种派牌法时，是不能用白边的牌，因为它容易被人察觉。

（2）派扣中牌法

右手拿牌，拇指放在顶牌上面，并且靠右边，其余四指放在牌的另一边，稍微用力把牌压向手掌。

用拇指把最上面的那张牌向左推出一点，轻轻转动拇指，使拇指能够同时触到顶牌和第二张牌。

然后把这两张牌同时向左推，直到伸直拇指，这时右手的剩余四指主要阻止拇指把多过两张的牌推出来。

左手拇指放在上面，食指放在下面，把第二张牌抽出来。同时右手拇指把最上面的牌恢复原位。

在抽出几张牌后，顶牌的下端就会斜一些，这样可以用右手的小拇指推正，这样派牌就完成了。

（3）底牌派牌法

以右手拿整副牌，牌的正面对着手掌心，中指顶住牌的右上角。

右手将牌往左手掌方向推，并调整它的位置，使得牌的左上角靠近左手食指的弯曲处，第一、第二指节在牌的上端，第三指节在牌的左边。

右手食指并不用力，而且在派牌中不起任何作用。整叠牌是靠中指和手掌而拿着的。

然后再做个调整，让右手的无名指放在牌的底部，并靠近左上角，拇指放在顶牌上，并指向牌的左上角，如果你感觉右掌给牌塞得满满的，说明你拿牌的位置是对的。

拿好牌之后，你就可以派牌了。

用右手拇指把顶牌往左方向推开一些，同时，无名指顺势把底牌推出。先用无名指把底牌推向掌心，使它弯起来，这样很容易地将它推向左边了，这个时候，你的左手慢慢向右手的方向移动。

移动时，左手的食指在上面，弯过突出的顶牌，一直绕到顶牌的下面去。

右手拇指在右手拇指与食指并拢时，迅速把顶牌推回原位，然后左手快速拉出底牌。

此派牌法只是用右手中指及右手掌把牌拿住，同时中指的下半截不要把底牌向上压，以免阻碍无名指将牌推出。

如果你很容易用无名指把底牌推出，那么你拿牌的姿势也就对了。

此派牌法容易使人产生拿顶牌的错觉。

在实战时，右手拇指可以接触到顶牌，然后迅速缩回左手拇指，这样就方便右手拇指和食指夹住底牌了。

此方法只有多加练习，才能达到单手完成派牌的境界。

7. 偷观牌底法

左手拿牌，做出像是派牌的姿势。

右手拇指和其余四指拿住牌的一端，将它向下方拉出一些，使底牌因与食指底部磨擦而弯曲。继续向下拉，待看到底牌时停下来。

多派牌法

在派牌时，多给自己派，这样自己手中的牌变大的机会就多了。事后你可以把多余的牌藏在掌中，在整副牌拿起时放回去。

换牌法

在众多骗术中，这是最常见的一种，在一些比较庄重的场面上，往往可以把那些精力集中的赌徒骗住。这种方法需要的是勇气多于技巧。

派牌者通常会将他所要的牌放在牌底，以小指端在其上留下痕迹。

在所有人都拿起自己的牌看时，他迅速把台上的那份牌拿起来，放在左手的牌叠中，从左手牌叠中拿出那张牌。

8. 扑克的控牌手法

在前面，我们讲了几种基本的洗牌方法。接下来，我们将介绍几种利用洗牌术来控牌的技巧，这是控牌术中使用最广、最基本的技巧，也是需要熟练掌握的必要手法。

印度控牌法

在介绍这种控牌方法之前，我们先介绍几个扑克的英文名称。扑克的英文是 Poker，整副牌叫作帝克（它是英语 deck 的音译，deck就是一副牌的意思），部分牌叫作巴克，整副牌或者部分牌无论正面向上还是背面向上的最上面一张牌都叫作特普（top 的音译），最底下一张叫作波顿（bottom 的音译）。

（1）特普位置的控制方法

①特普只有一张时，就请其他人抽出一张牌，然后左手拿牌。

拿牌方法：左手的拇指靠在牌的左边，中指与无名指靠在牌的右边，食指贴在牌的外边的中央，小指放在适当的位置。

牌略向前方倾斜一定角度。

用右手拇指与中指拿着牌内端的两侧，右手食指贴在牌的特普（别人所选的牌）上，无名指和小指任意放，这时，用右手从左手中抽出一部分牌，同时，使左手的牌完全掉落到左手中，再把右手的牌放到左手牌上，并以左手拇指和中指拿着特普的几张牌，同样用右手拇指与中指抽出其他的牌，并使左手的牌掉在手中的牌上，重复上面的动作。

然后对其他人说："把你所选的牌任意放一个位置。"

如果别人把那张牌放在了左手牌上，为了继续洗牌，你可以把右手的牌放在左手的牌上面。

然后，用右手拇指、无名指拿起左手上的几张牌。

此时，右手的形状与左手的形状是相同的，用左手的拇指与中指拿起右手特普上的几张牌，并用右手抽出其他的牌，然后依照上述方法进行洗牌，直到右手中的牌洗完为止。

最后，把右手拿的几张牌放在左手的牌上面，这样，其他人所选的牌就转移到了整副牌的特普位置。

在此过程中，需要注意的是：用右手拇指与无名指拿所选的牌时，一定不能犹豫，但也没有必要过于迅速，应与洗牌过程保持一致。同时，你的眼睛不要看手中的牌。

②有多张牌时，可按照下列步骤进行。

第一张牌，可按照①中的方法转移到特普位置。

抽出的第二张牌可用左手拇指与中指从特普拿起约 *1/3* 的牌，这时用右手抽出其他的牌，左手的牌也就掉落在手掌中，在左手这叠牌的特普（第一张牌）上放置第一、二张牌，然后，同方法①一样，用右手拇指和无名指拿着几张左手特普的牌，按照①中的洗牌方法洗牌。

这样，第二张牌也就顺利转移到了特普位置。

不断重复上面的动作，很容易把几张牌转移到特普位置。

（2）波顿位置的控制方法

①如果只有一张牌，那么你可以左手拿牌，右手抽出整副牌的

上半部分，接着，让别人抽出的那张牌放到左手下半部分的特普。

此时将上半部分牌与下半部分牌重叠，左手小拇指要插入中间，以区分开，这样做方便设置布雷克（扑克魔术中的常用技法），左手小拇指轻轻向下压，在右手拇指和中指抽出左手小拇指的牌时，把特普留下，左手小拇指伸出后，右手抽出的牌用印度洗牌法洗牌，洗完后就放在左手上。

这样，其他人所选的牌，也就转移到了波顿，在此方法中，你要熟练掌握抽出左手小拇指下方的一组牌，同时只留下一张特普牌。

②有多张牌时，先用上述方法把第一张牌控制在波顿。

接下来，用右手拇指和中指抽出左手牌的下半部分，再把第二位所选的牌放到左手牌的特普上面，而后再放到右手的牌上。

这时，左手小拇指要插进去设置布雷克。

按照上述方法，左手小拇指上方即是第一张牌，下方即为第二张牌。

同①一样，用右手拇指与中指拿下面的一部分牌，把左手小拇下面的一张牌留下，其他的牌全部抽出，开始印度洗牌法洗牌。

通过这种方法洗牌后，波顿有了第二张牌，其次是第一张牌。

不断重复上述方法，很容易把数张牌控制在波顿的位置。

9. 上而下式洗牌法

（1）一般的上而下式洗牌法的控制

逐张洗牌的技法：在通常情况下，这种技法被称之为"溢"，主要不但可以控制，还是上而下式控牌法的基础，因而这是扑克牌游戏中不可缺少的，是需要练习的。

此技法是在洗牌过程中，用左手拇指从右手中逐张抽出牌，放在左手的特普的一种方法。

要进行这种技法，先要把右手的一组牌拿到左手前面，轻轻将左手拇指贴在左手的特普。

此时右手抓住牌的两端，以防止牌被多抽出。随后，以左手拇指逐张抽出，开始洗牌。

所谓"因乔戈"，是在洗牌过程中，将一张（或数张）牌推到（牌的内端）小拇指这边的技法。这种技法比较简单。

在上而下式洗牌法中，如果想要进行"因乔戈"，首先右手要靠近牌的内端，再把右手的一组牌放到左手那组上面。

然后左手拇指拉到特普的后面，那张牌顺便也推到了内端。上面再放洗过牌。

为了使突出的牌更加隐蔽，这组牌就不必太整齐。

需要注意的是，左手小指尖要贴着突出的牌。在施展"因乔戈"时，洗牌的步骤也不可打乱。

下切牌：这是进行"因乔戈"时，抽出了下半部分牌，放到特普的技法，右手拿"因乔戈"后的一组牌。

右手拇指尖贴在"因乔戈"牌边缘，接着右手稍微向外推出"因乔戈"下方的一组牌，并用中指与无名指压住外端。

在推出时候，右手拿着的一组要举起来，并放到另一组特普，然后用右手整理牌。

以此方式进行"因乔戈"后，牌便会转移到波顿，下方的牌便会转移到特普。

下切牌也可在一组牌切牌后取出下半部分时使用。

让某一个人抽出一张牌，在别人记牌点的这一瞬间，你要进行上而下式洗牌。当洗到一半时，向那人伸出左手，让他把抽出的牌放到左手牌中，牌放好后，开始洗牌。

洗牌时，先从右手的三张牌逐张洗，放在左手的特普（别人所选的牌）上，这就是"滥"的技巧。

接着将剩余的牌实施"因乔戈"。

然后，把右手中的牌进行洗牌后，放到"因乔戈"的牌上面。

将"因乔戈"牌的下面一组，进行下切牌，而后放到特普上，这样，所选的牌也就是从特普位置算起的第四张。后面的处理方法顺其自然。

如果需要把选出的牌转移到特普位置，特普一组要翻过来，并且正面向上，展开 3～4 张波顿牌给他看，证明这里没有他所选的牌。然后合上牌，叠整齐。

接着将另一组翻过来并展示，让那个人看其中也没有所选的牌。然后把牌翻回去，并放入波顿位置叠齐。这只是证明给其他人看，牌并不在里面。

要将别人的牌移到特普，虽然可立刻将那人牌上方的牌加以"因乔戈"之后再洗牌，然后把"因乔戈"之后的牌进行切牌，使牌方便转移到特普位置。

要将牌转移到波顿，可以按照上述方法转移到特普后，再进行上而下式洗牌，先把特普的牌向左手洗一张，然后洗剩余的牌，这样，就成功转移到了波顿。

（2）上而下式布雷克的控制

这种方法与上述方法是相同的。

将"因乔戈"之后的牌下半部分进行下切牌，随后，在"因乔戈"之后的牌与下半部分牌之间设置布雷克，并保持布雷克。而后进行上而下式洗牌，把布雷克下面的一组牌转移到特普位置，这就是与方法（1）的区别所在。

按照方法（1），让某人放好牌后，在上面放三张牌，再将下面一张进行"因乔戈"之后，开始洗牌。

右手稍微用力使牌的上端叠齐，然后以右手拿着左手一组，右手拇指间贴于"因乔戈"之后的牌的内端，右手中指则贴于一组的外端。

一方面将"因乔戈"之后的牌，用拇指向特普的位置推出一些，一方面推入另一组中。

这样，"因乔戈"后面的牌与下方一组牌之间，也就造成了布雷克。

左手拇指保持好布雷克。再用右手拇指、中指拿起另外的一组，进行上而下式洗牌，待洗到布雷克时，布雷克下面的牌就放到特普位置上。

按照上面的方法进行，那人所选的牌就会转移到从特普算起的第四张。

此后的操作方法与方法（1）相同。

这种方法给人一种彻底洗牌的感觉，因而效果会比方法（1）强。

（3）自然而轻松的控制

此方法是"因乔戈"的变形，但比"因乔戈"简单一些，也更自然一些。

让某人抽出一张牌后，将一组正面朝下放在左手中。

这时，左手食指要突出来，用右手拿起上半部分，请观众将所选的牌，放在左手下面一组牌的特普位置，把右手的一组牌慢慢放到左手下面一组的上面，这样，上面一组牌就会滑到下面一组的特普位置，靠近波顿的部分就会突出来。

此时用右手拿起左手的一组牌，摆出上而下式洗牌的姿态。这种动作姿态，像是把那人牌上方的牌施予"因乔戈"一样。

然后，右手拇指进入突出牌的下面，设置布雷克后，进行上而下式洗牌，这样一来，所选的牌便会转移到特普。

交叉换牌的控牌技法：在整副牌中，把三张 Q 抽出来，表面向上拿在左手中。

然后把三张 Q 背面向上，理顺以后，在上面放置正面向上的 A。

把这 7 张牌展开，并让观众看清楚三张 Q 是背面向上的。

此时，把这 7 张牌放回牌中，小拇指放在最下面一张 A 牌与其他牌之间，以设置布雷克，从上面叠齐后，悄悄把布雷克下面的 6 张牌翻过来，方法如下：

左手食指稍微弯曲，并贴在牌的下面，拉出布雷克下面的牌，然后慢慢旋转，使这 6 张牌左侧转到右侧，以上动作只可以暗中进行，不可被其他人发现。

牌理齐后，右手松开。把下面的三张牌背面向上放入一人手中，他便以为是 3 张 Q。然后把剩余的牌翻过来背面向上，把左手中的波顿的牌抽出来，让其他人看，然后放入那人手上的牌中。

这样，那个人手中的牌就都变成了 A 牌。

10. 合二为一的控牌技法

这种技法是比较常见的。在应用中，取出两张牌，但是要让别人认为只有一张牌。

下面介绍的是最基本的方法，熟练后你可以改进它，创造出更好的技法。

（1）牌的推出方法

左手拿牌，左手拇指靠在牌的左上端，右手放在顶牌上方，然后以叠牌的动作，用右手中指将牌往前移出一些，用右手拇指从特普位置取出两张牌，这个动作由于牌已经移动，因此很容易拿出，最关键的是，并不需要用右手拇指拿起牌，而是靠左手使牌的内端下降，从而取出两张牌。

利用特普第二张牌下方的布雷克，压住左手小拇的指尖，接着做出整理牌的动作，使右手向左移动，这样可以使被移动的牌恢复原位。将左手拇指移到牌的特普，放在中央略为靠左的位置。

然后用右手向右推动特普的两张牌，并且向右方伸出左手的拇指。

这样，在其他人看来，好像是用左手拇指向右推出了特普牌，右手松开后，位于特普的两张牌已经被推到了右方，由于手法熟练巧妙，在别人看来，似乎只有一张牌。

（2）展示被推出的牌的方法

展示被推出的牌的方法与推出牌的方法是相同的，下面就介绍常见的几种方法。

①用右手拿着被推出来的两张牌的右下角，把正面展示给观众看，然后将牌收回，放到特普位置。

②右手中指与无名指贴在被推出的牌的下面，这时右手拇指贴于特普，轻轻用力往下压，两张牌便会弯曲。这种使牌弯曲的动作，是在用右手拇指与中指取出被推出的牌的右内角时进行的，其右手食指伸出于右侧下方，右手向右移动两张牌，左手拇指轻轻往下压。然后将两张牌的左侧贴在牌的右侧，左手拇指贴在牌的左侧，松开右手拇指与中指，使特普处的两张牌倒过来。然后右手放在牌的上面，同时左手拇指贴在牌的中间与左角处，此时，右手向右移动表面上的两张牌，同时左手拇指要尽量伸直。

之前，这两张牌已经弯曲过了，所以你不用小拇指设置布雷克了，只需要你用右手拇指与中指分别拿着外端与内端之间，这样就可以移动牌了。

下面这个方法的步骤与前面一样，把牌翻过来拿在手中展示。

③用右手取起被推出的 2 张牌的右侧外角。

在拿牌时需要注意自己的姿势：拇指向下取起 2 张牌，然后右手翻过来，并且使牌的正面向上。

下面的步骤和方法②中的相同。

11. 过手洗控牌法

应用这种方法洗控牌，能够对某一张牌标位，甚至轻松控制它，或是把底牌转移到牌顶、顶牌转移到牌底等。

这种洗控牌法的控牌手法比较简单，往往达到预期的效果。下面是一些好的手法，相信会对你有所启发。

（1）过手标位法

过手标位法也就是表演者通过过手洗牌法来控制住某张标位牌的手法。

过手标位法种类众多，这里只对其中的一种进行介绍。

首先把牌洗乱，让某一人从中抽出一张牌，你要迅速进行标位牌的过手洗牌。

当你两手中的牌均等时，让他把抽出的那张牌放到你左手的牌顶上，继续洗牌，当右手的牌放到左手的牌上时，应往下移动，使左手拇指按住右手的顶牌。当两手分开时，右手的顶牌也就落到了左手中的顶牌上，也就是抽出的那张牌的上面，继续过手洗牌，右手洗牌的位置恢复原来的状态，这样，刚才洗下来的牌便伸出了一点，这就是你的标位牌。

由于别人的视线被它上面的牌挡住了，所以别人是很难看到这张牌的，继续过手洗牌动作。整个洗牌过程完成后，你就容易找到这张标位牌。

只要用右手拇指把标位牌处往里推一点，你就可以很容易地找到左手的那张标位牌，也容易把左手的牌分成两部分，右手把下面一部分牌抽出来，这部分牌的顶牌就是刚才别人抽出来又放进去的那张牌，把右手的牌往左手的顶牌上一放，如同在做自然的切牌，因此全部过手洗牌控牌也就完成了，观众抽的牌也转移到了牌顶上，你可以采用不同方法把它展示给观众看。

（2）把顶牌转移到底牌位置

这一目的要通过过手洗牌完成的话，还是相对容易的，也不太难，其道理比较简单，手法也不复杂，只要认真洗牌就行了。

首先要做好过手洗牌的姿势。

洗牌时，左手拇指按住顶牌，当两手分开时，右手的顶牌也就落到了左手上，继续洗牌，整副牌都洗完后，开始时的顶牌就成了现在的底牌，上面所讲的手法，也很容易把底牌转移到顶牌位置上，只要把牌正面向上来洗牌就行了，这样就不用过手标位法把底牌移往牌顶了。

12. 扑克的实战技巧

各种偷、换牌绝招

在各种牌场中，能够制胜的牌是不会自动出现在你手中的。如果仅仅靠庄家发牌，自己摸牌，那么你赢的机会就很小了。

想取胜就得既有过得硬的牌技、精明的头脑，又得明白对方的心理和伎俩。

不过重要的一点是：只有学会各种偷、换牌的技巧，才能使你制胜。

"偷天换日""偷梁换柱"是偷、换牌最确切的概括。要不断运用各种手法，把自己想要的牌从其他位置上"偷偷更换"到自己能得到的位置上，使自己的牌占据优势。

同时，必须做到迅速、快捷，让人毫无察觉，从他们的眼皮底下将想要的牌偷来，这就需要勤奋练习了。

下面所讲的是在发牌、分牌的运动过程中换牌，以及做记号换牌的方法。

（1）发牌换牌绝招

发牌换牌的目的：无论牌的总数是 40 张还是 32 张，将自己需要的牌张放在牌背上面，然后通过洗牌（最好已掌握魔术洗牌术）做到想要哪一张就得哪一张，也就是说能任意控制牌。

这种发牌的基本手法有以下两类。

①第一类：以得到 K 牌为例，你可以这样来做。

在洗牌之前，首先把整副牌的 4 张 K 抽出来，并把这 4 张牌长边弯曲，然后插入整副牌中。

接着开始洗牌、切牌（也可以叫倒牌），无论你洗几遍、倒几次，只要你倒完牌后，抽出最上面的一张：这张一定就是 K 牌！

举例分析：当你玩 32 张时，如果你需要的是一张 J，你先把 4 张 J 牌的两条边弯成弧形，开始假洗牌。假洗牌之后再倒牌，J 牌也就留在手里了。

如果需要 9 和 J，你可以把 9 放在 J 的下一张牌的位置上，然后说随点走，那你所要的牌就是 J 和 9 了。

若玩两张牌，要 3 － A、3 － 2 或 3 － K，只要按照上面的方法倒完牌就可以了。而且，只要你将所要的牌两长边弯成弧形，无论你要哪一张牌，都能得到。

在"三打一"的游戏中，运用这一绝招不同寻常。你要先调整六大牌的位置，把它们放在有弧形的牌上面。倒牌之后，这六大牌就会调到牌底。

玩"双红十"也能做到"双红十"和大小王紧邻。

此类手法操作起来并不难，只要牢记、熟练就行了，讲究的是熟能生巧。

下面介绍的是和"洗牌换牌法"相关的一种洗牌，事实上，整叠牌的每一张牌都在原来的位置上，没有任何变动。

首先把牌拿到手上来洗，不要放在桌面上。接着把牌分成大致相等的两份，双手各拿一份，用无名指和中指将半叠牌分别向上推，使其压向手掌。

牌面倾斜一定角度，以便使其中心正好在食指底部之下，拇指放在牌的前端。

如果牌的位置正确，牌的一个下角会在中指的第二指节上，另一个角则在无名指的底部。

用拇指把牌的底端向上弯曲一些，拇指让牌逐张盖下去。等到牌全部落完了，立即把牌理齐。

当然也可以把牌弯成像桥一样，相互交叉着落下去。然后双手一齐向中间推挤，将牌叠齐。这时，牌也就洗好了，用此假洗牌方法后，再倒牌，你就可以得到你想要的牌了。

②第二类：这种方法主要是靠手指间的动作来完成的，需要精神高度集中，马虎不得。但是只要你多加练习，这种技术也会运用自如。

在牌面上做暗号的方法，一种是提前标记，一种是现场标记的。

现在此方法将促进你使用第二类手法。因为如果你从背面就看出每张牌的点数、花色，那么在发牌时通过指法的运用，把需要的牌派给自己。

以要 A 牌为例，具体指法分以下几步。

第一步：左手拿牌，牌的背面向上，牌的正面向下，拇指放在牌背上。

第二步：右手的拇指和食指捏住牌背的上角，左手拇指将牌向右移动一些，把 A 下面的牌派发给别人，等派发到自己时，再派发这张 A 牌，于是 A 牌就到了自己手中。

第三步：此过程与第二步大致相同。用右手拇指把最上面的牌向后推一点，随后把 A 下面的牌发出，直到把 A 发到自己手中为止。

此方法有些麻烦、单调，但是你也要用心练习。掌握了这种方法是能够让你心想事成的。

（2）分牌换牌的绝招

先看看下面这张表，你定会从中受到启发的。

对阵	对阵	第一张	第二张	第三张	第四张	第五张	第六张
两人对阵	甲 乙 甲 乙	A 杂牌	杂牌 A	A 杂牌	杂牌 A		
三人	甲 乙 丙	A	杂牌	杂牌	A		
对阵	甲 乙 丙	杂牌	杂牌		杂牌	杂牌	A
	甲 乙 丙		A	杂牌 杂牌	A		

此图说明：把牌派发给不同的人时，每个人可能得到的牌。主要有以下两种情况。

①两人对阵时。假如你需要两张"A"（其他人也要）：

A.先分牌给甲时，安排如下：

第一张是A；

第二张是杂牌（你已由牌背标记看出）；

第三张是A；

第四张是杂牌。

B.先分牌给乙时，安排如下：

第一张是杂牌；

第二张是A；

第三张是杂牌；

第四张是A。

②甲乙丙三人对敌

A.先分牌给甲时，安排如下：

第一张是 A（甲）；

第二张是杂牌（乙）；

第三张是杂牌（丙）；

第四张是 A（甲）。；

B.先分牌给乙时，安排如下：

第一张是杂牌（乙）；

第二张是杂牌（丙）；

第三张是 A（甲）；

第四张是杂牌（乙）；

第五张是杂牌（丙）；

第六张是 A（甲）。

C.先分牌给丙时，安排如下：

第一张是杂牌（丙）；

第二张是 A（甲）；

第三张是杂牌（乙）；

第四张是杂牌（丙）；

第五张是 A（甲）。

三、四人、五人……对敌，可依上例类推。

根据上面所述，不管先分牌给谁，甲都可以拿到双 A。这不是运气好，而是牌的顺序是已经调好的。这种顺序可按下面的两种手法就可以排出来。

手法一：这是比较简单的方法。只要你在收牌洗牌时，把你需要的几张留在手里，排好顺序。

然后运用布雷克手法或假洗牌，把这几张关键牌放到重要的位置就行了。再次发牌时，甲就不能得双 A 了，得双 A 的是你自己。

手法二：这是常现的手法，但能使你顺利地收牌洗牌。这又可分三个步骤。

第一步，右手拿牌，并放在长边的中间。牌的正面朝向左手掌心，牌的背面向外。

然后用大拇指的指甲从扑克边上刮过去，动作要迅速，以免别人发现。

在牌合拢时，你就清楚看到第一张A在什么地方。这时刮牌的动作要停下来，左手指尖在A和杂牌之间，然后假装分叠洗牌，把整副牌从A这里分开，A在左手牌的第一张位置上，然后把两叠牌同时洗，待整副牌都理齐后，A还在整副牌的最上面。

第二步，按照第一步的方法把第二张A找到。此时的牌应在右手里，牌的背面对着右手虎口处，牌背最上面一张牌就是第一张A。

找到第二张A后再按分好。这样两张A就分别在两叠牌的背面第一张上了。

第三步，合洗牌。右手拇指放在牌的一端，食指顶住牌背，使牌稍微弯曲，其他三指放在另一端，这样就握住了整副牌。

左手在牌的前端伸平，右手拇指在牌大约一半处把牌分开，然后松开。这时食指向下压，下面的一部分牌就落到了左手上。

左手握牌的姿势与右手相同。此时双手同时贴在桌面上，保持两手牌可以相互交叉的位置上，然后左右手稍微放松，使牌逐张落下。

待牌快要落完时，只剩下了最后几张，关键性问题出现了。即要形成A－杂牌－A的顺序，又要用右手拇指压紧背面两张牌，等左手里的牌都放下后，右手便放下最后两张，需要注意的是：要同时得到两张A，必须要洗两次牌。

若想要形成A－杂牌－杂牌－A的顺序，有可能左手还剩一张A没有放下，这时右手里有A－杂牌－A共三张，待左手放开后，右手的三张同时放下就行了。

若要形成杂牌－A－杂牌－A的顺序，也有两种途径。

第一，这叠牌在第二步洗牌时，就在A的背面留了一张杂牌，也就是在第二步洗牌时，左手放齐后，右手同时压上三张就行了。

第二，用多洗牌的方法来完成。当前两步都完成时，第三步结果也得到后，再此把牌分成两份，这时A－杂牌－A三张牌在右手，左手要留最后一张杂牌压在上面，除此之外，也可以假装丢了一张牌在地上，然后拾起来放在上面，这样就使得A牌上有杂牌了。

如果是双人、三人对阵，用上面的手法就可达到目的。但若是三人、四人或者更多人对阵时，你就要洗三四次牌。

无论哪一种方法，只要肯下功夫练习，你都会学成的，并且运用自如。如果你在洗牌之后再进行抽牌，别人就不会怀疑你了。

在你经过前面的三步洗牌后，牌的最上面几张是事先安排好的。这些牌只占很小一部分，但是这部分牌起着关键作用。

因此，无论下面怎样抽牌，这一小部分牌不能弄乱顺序！

（3）一条龙

第一步：把牌翻过来，看到最上面的4张牌分别是4、5、6、7，然后分开，在剩下的牌里先找一张6，放在右手的牌上面，洗牌时把右手的4张牌留下，然后把左手的6张放在4、5、6、7上面。

第二步：找一张7，放法同第一步，但右手的牌要留有5张。

第三步：找一张8，右手留6张牌。

第四步：找一张9，右手留7张牌。

在进行洗牌时，要把6、7、8、9的顺序打乱，但第一张牌的点数是最小的，后面的慢慢变大。

这样，做庄的只要不先从自己开始，则庄家的点数要比上家大。

另一种方法是：首先把一种与打色牌相类似的牌，用上面的方法安排好，从大到小，当到了中途时，把放好的牌换上去，这样的效果是最好的。但是 5 和 9 要放在最上面，这样，必胜的机会就更大了！

在正式牌战中，所介绍的偷换牌绝招是比较实用的，因为穿插在牌战的每个环节中，不易被人发觉。

迫牌取胜绝招

迫牌，就是指在牌战或游戏中，通过手法灵活的变化，来控制别人"随意"抽出你所要的牌。

迫牌术是针对人的心理创造出来的，有很多种。下面是最常见也是最常用的几种方法。

（1）洗牌迫牌术

首先，在开始洗牌时，通过偷看底牌的方法，将你要迫的牌放在最后一张。

其次，用印度式洗牌法洗牌。因为印度式洗牌法可保持牌的顺序不变。

因而，洗牌停止后，就可以把最底下那张牌给其他人看，让其他人认为这张牌就是他自己抽出的。

注意：在他喊"停"之后再停止洗牌。

最后，将右手的牌叠到左手的牌上，可以采用任何一种洗牌法，因为你已知道别人选牌的点数。

然后把牌的正面朝向自己，双手展开后，从中找出那张牌就行了。

注意：你在运用此方法前，要熟练掌握印度洗牌法，并且要先将需要的牌移到牌底，千万不要把底牌位置打乱。

（2）点牌迫牌术

这种迫牌术比较简单，很容易学会，也更容易达到目的。

在实际应战中，让某个人用手指在你右手的牌中任意碰一张牌。而后，就从这张牌处把牌分成两部分，并调换位置。

然后使这张牌的正面向外，让他看清楚这张牌就是碰到的那张。

其实，这不是碰到的那张牌，而是事先放在最底下的那张牌。

开始时，把牌放到左手掌里，待把左手牌都送到右手中时，暗中把底牌向右移动一点距离。

这时，两手要放在一起，在对方点过牌后，你就把上半部分牌拿起来，在给他看牌时，迅速把最底下的那张牌推到上半部分牌的最下面，当做刚才碰的牌。这样，迫牌就成功了！

（3）曲牌迫牌术

这是最让人感到满意的一种迫牌术。

将你要迫的牌放在牌顶，拿出下半部分牌，暗中把这张牌弯曲，然后把这张牌放在最上面，这时，只要把那一部分牌弯曲一定角度就行了。

（4）三叠牌迫牌术

将要迫的牌放在牌底，在台面上分三叠牌，每叠约4张。派牌时依次把牌派在第一叠上，同时，使你要迫的那张牌成为中间那一叠的底牌。

然后让对方选其中任意一叠。如果他选中间一叠，那你就成功了！若是他选择了左边或右边的一叠，你就可以采取下面的办法。

选右边的一叠：你让他把那叠牌翻过来，然后再向他要一叠，若他选了中间的一叠，你就让他把另一叠翻过来。如果他选了左边的一叠，那么你让他把左右两边的牌都翻过来。

总体来说，在他选择完后，在台面上的三叠牌中，左右两叠牌的正面向上，而中间那叠牌的背面向上。

然后把中间那叠的底牌给他看，接着再让他把左右两份中的一份牌正面向下放到中间那叠牌的下面，再让他洗牌。

在这个过程中，你不要让他感觉到你是在故意避开中间的牌，一定要让他感觉到在给自己增加了难度。

作弊技巧

这里所讲的是几种传统的作弊手法，也是高手们经常用到的手法。因为此类方法容易操作，才有这么长的生命力。现在我们就将这些手法介绍给大家。

（1）牌上暗号

在牌战中，有很多种技巧是比较实用的。其实，你不但要懂得别人的战术，还要懂得自己的战术。既把自己想要的牌拿到手，又对别人手里的牌知根摸底。

因此，在牌上做暗号是最直接、最有效的手法。由于牌战进行的场地、环境、牌搭配合等情况，因此做暗号的方法又可分为两种：提前标记和现场标记。

①提前标记。由于此方法准备间比较充足，所以对于材料、牌质、工具的要求不是很严格。

比如说：可以用针刺小孔、涂色、用刀刮边……扑克的质地、图案都可以任意选择。

但是，制作标记时要注意，就是要力求精。也就是说要对牌背面的花纹细心观察，找出标记的合适位置。

这样不但能够使自己认得准，又不会被其他人发现。为达到这个目的，我们用一副新扑克给大家做个讲解，让大家明确做暗号的基本方法，知道怎样做记号。

具体做法如下：

准备一个刀片、小锯片，一副新扑克。

扑克的背面图案是：横边上有 7 个平行四边形，两条直边上在靠近横边的地方有 3 个平行四边形，总共有 13 个，并且符合一种花色的牌的张数。

每一个平行四边形可以代表一张牌的点数，四条边分别表示四种花色。

横边上的七个平行四边形可表示 *1 ～ 7* 的点数，左直边上的三个表示 *8、9、10*，右直边的三个表示 J、Q、K。

这张牌是几就数到第几个平行四边形，并在相对应的花色边上用刀刮一些。这样就容易辨认了。

这样做暗号简单、迅速、快捷，当然还可用针刺小孔。

再以蝴蝶扑克为例：背面图案的四个角上都有一只蝴蝶，每只蝴蝶的翼上有 *14* 个小孔，把头部或尾部的去掉外，那剩下的 *13* 个小孔就可以按顺序排列了。一个小孔为一个牌点，一个角的蝴蝶为一种花色，然后用针在相应的点上刺一下，这样一个标记就完成了。

在经过洗牌、切牌、派牌后，牌就会旋转 *180* 度，这时牌面是不分上下的，那么你原来刺在左上角蝴蝶上的点就会成为右下角的点。

这样你自己就很容易混淆，也容易被遮住，致使自己输掉牌局。

所以，在拿掉一副新扑克后，要认真研究背面的图案，找到最适合的地方，做上标记。

蝴蝶扑克就可用刮边来分花色，以上、下、左、右各代表黑桃、红桃、方块、梅花。

还有比这更好的办法：做好一个记号后，在对角的位置上也做一个。这样，你只要看到其中一个位置，无论怎么洗牌，你都能找到标记，那胜利就有希望了。

扑克背面的图案多种多样，但基本都是中心对称的。因此，以上方法在任何一副扑克上都适用。

②现场标记。牌场情况变幻莫测，谁也不知道下一刻有什么事情发生。提前做好标记的扑克是非常保险的，但情况突变时，也许不让使用这一副，或是意外发生，不得不改变原有标记以适应新情况。这就要你精明，勇敢，随机应变，临时做标记。

由于这种方法具有随时性，因而要具备很强的心理素质。

首先稳定自己，不要惊慌失措。然后静下心来，用指甲临时做上标记。但是如果你心慌意乱，做标记时显得很笨拙，那就对自己不利了。因为标记细小不易察觉，再加上自己的紧张，标记点不明确，就会使自己遇到困难，更会迷惑自己，使自己出现错误判断，结果只有输掉了。若想取胜就必须克服上述不利因素。

其实不用太过于紧张，只要你熟悉了下面的方法，并且能熟练地应用，就很容易做上标记。

现场标记是在数牌的过程中进行的，如果事先将右手食指的指尖磨得尖一些更好；还可稍加用力，同样达到目的。

开始数牌前，要先确定标记的位置。为了便于更好地操作和辨认，标记之间的距离要有足够的空间，不能太小。

数牌时左手拿整副牌，牌的正面向上，然后再把整副牌换到右手上。

在用右手接牌时，一定要准确，没有任何破绽，这样，在牌身的掩护下，用右手食指的指尖用力刺牌，这样就有了标记了，也不会被人发现。

右手拿一张牌就做一个标记，标记要小，且要看得清。

整副牌标记完后，就把它放在桌面上，此时牌的正面是向上的。依次数完牌后，整副牌的新标记也就做成了。

若是数牌、洗牌的手法非常熟练，做好标记的牌就不必放在桌上了，可以拿在掌中。

其方法是：利用中指、无名指、小指压住牌的长边，使牌推到掌心里，那么牌也就整齐地卡在了虎口处。此时三指要压住标记过的牌，不要松开，以免标记牌移动。在左手接牌时，只要食指、拇指动就行了。

现场标记也不需要整副牌都标，只对其中一部分标记就行了。因为玩一局后，每个人的手中也只有几张牌。

若要想标其他的牌就要等下一局了，所以标完整副牌比较费时间。

因此现场标记比较适合于长时间玩牌，这样胜的机会就比较多了。不过也要根据实际情况来定。

最后，总结出了三个要点。

其一，要迅速、快捷，并注意接牌的位置，做到"准"，即右手食指接牌时落点要准。而且刺牌动作要轻快，避免长时间拿着牌，以免让其他人产生怀疑。

其二，在接过牌后，不可晃动。

其三，标记点尽量要小，要保持一定的距离，既给自己带来方便，也不会使其他人受到影响。

其实现场标记谁都能做，关键是要冷静、沉着。能做到悄无声息，不动声色，手上也要熟练，那么所做的标记就会派上用场。

（2）"魔术牌"的妙用

"魔术牌"主要是应用在纸牌魔术中。

魔术师想要哪张牌，哪张就会出现在他手中。事实上这种技巧在实战中也非常实用。因此"魔术牌"又称"必胜牌"，这是以实战经验作基础的。

这种技巧并不显得神秘，可操作起来却有些麻烦，不过有一点，它却能够使大众的眼睛受骗，使对手甘拜下风，所以受到高手们的喜爱。

"魔术牌"对牌的质地有着严格的要求，必须是纸质优良的、全新的塑光扑克，而且牌的四边要整齐。工具应该是锋利的刀片，可多准备几个，替换着使用。还要有两个铁夹子用于固定牌。最后准备几支蜡烛，一些滑石粉。

制作比较简单，就是在不同的牌张的边角处刮去少许，这样通过手指的位置和力量抽出你要的牌。道理虽简单，还要通过实例来说明。

以"捉三公"为例，其步骤如下。

第一，从整副牌中拿出不同花色的 9、J、Q、K，一共 16 张牌，把剩余的牌整理成一组牌，必须要把大小王分开放，底面一张，顶面一张，其他牌的顺序任意放。

然后把牌理齐，并用力按住。用铁夹在牌的短边上夹住，以固定牌叠。一定要牢记：准备工作的目的就是使牌边更加整齐。

第二，牌理齐后，放到桌上，先让长边向上，然后用刀片刮边。注意落刀时的角度一定是80度，或者向里倾斜一点。如果倾斜角度过大的话，就会使牌体受到损伤，露出马脚。

在用刀刮时，力量要均匀，不可忽轻忽重，要保证使刮完的边整齐美观。

要注意刮的方向，严格按照从左到右的顺序刮，千万不要来回刮。每次的落刀处也要有所不同，以防刮出死角，被对方发现。

总之，落刀点应该是散乱的，慢慢向拐角过渡。

一般的刀片刮得多了就会钝，甚至会出现缺口，这样的就不应再用，换上一片新的继续刮。刀刃一定要保持锋利。这些牌刮好后，松开铁夹放在一边。

第三，松开铁夹后，把剩下的16张牌放在一起，整理好后用铁夹固定好。

由于这次刮的是两边，铁夹应夹在牌的长边的中间，两边分别留一定的距离。刮时每个角都要向里，对着自己，同时刀片朝内刮，要刮到最底处。

其他要注意的问题与第二点相同。

特别要注意：首先从10张牌把大小王抽出，分别夹在底牌一张，顶牌一张，夹好后和剩余的牌一起刮一遍。

前三步完成后，这副牌就出现了三种标记：一是8张主牌只刮中间；二是其他的牌只刮四角；三是大小王的中间、四角都刮过的。

第四，把牌边给弄得很硬。用蜡烛磨或用滑石粉涂抹。

这样，魔术牌就做好了。

大小王抽出后，剩下的牌混合起来反复洗，使加工位置不同的牌隔开。

在实际应用时，用右手拇指和中指的指尖抵住牌的两条长边，但用力不要太大，让牌与牌之间留有一定空间。

这时右手的其他三指随意放在牌上，并不需要用力，然后用左手的拇指和食指握住牌的两边靠角的地方，轻轻用力向外抽，混杂在牌中的J、Q、K、9就会慢慢抽出，接着把抽出的牌放回右手的牌上，然后从底部抽出3张杂牌放在牌叠上，下面就开始打色分牌。

要注意：必须打2、6、10点，这样有利于把最上面的3张杂牌分到其他人手中。

这样你自己分到的牌最小的点数是7点（3个9），一般情况下，三公九的机会更多，也可能是三张公。其他三家手中都有一张杂牌，即便牌点再大，也会受到你的控制。因而，你取胜的机会也就多了。

还要注意一点：牌一定是新的。别人洗牌、叠牌后，检查一下牌有没有弯曲，如果有此现象，要使牌恢复原状，然后再开始抽牌。

（3）媒介暗号

媒介暗号是借助其他东西作媒介而设的暗号，具体分为两种：肢体暗号和反光暗号。

①肢体暗号。就是通过做表情，一些小动作，摆各种姿势等代表牌的牌点，来传达信息。

这种方法需要两个人的密切配合，事先两个人商定什么样的动作代表几点。

比如说：眨眼表示有10点，连续摸耳两次表示自己有两虎，剔牙表示有四条，摸右拳表示有小王，握起左拳表示有大王，拨一下头发表示同花，做成牌扇再连续开合表示所要牌点……

方法众多，就看你和搭挡是如何约定的。

约定好暗号后两人还要多加练习，一定要记在心里，以免在场上失误。

在牌战中要密切关注搭挡的一举一动，这样你才有胜算的把握。

要知道暗号是做给自己人看的，但要注意动作不可太大，或是不自然，这样都会引起其他人的怀疑。只有二人心灵相通、配合默契，在牌战中才能收到很好的效果。

②反光暗号。也就是利用物体光滑、明亮的反光表面，形成镜面反射，来达到目的的一种方法。

根据光学原理，我们可以充分利用所有的反光物品，布置在排场中，这样就很容易看到对方牌的点数。一旦了解了对手的牌面状况，你取胜的机会也就多了。

在生活中，反光的东西比较多，都不易被人察觉，主要在于你是否留心观察这些东西。

一般情况下，都是充分利用牌桌上的物品，如金属香烟盒、金属打火机、瓷壶、烟灰缸、瓷杯、茶水，还有眼镜等等。这些东西都不会引起其他人的怀疑。

不过，除牌桌上的反光物，还有像穿衣镜、荧光屏、光亮的家具这类物品，以及身上的饰物同样可以起到良好效果。

我们要选择反光性能好的物品，因为不能总盯着一个地方，不然，就容易被人发现。

总之，利用物体的反射比较方便容易，但也有不足，有时并不一定看得清楚。

所以，我们要多加练习，增强自己对花色、牌点的敏感性，以增强直觉能力。

上面这些做标记的方法，沿用时间长，使用者比较多，更体现了知己知彼，掩人耳目的方略，所以这是实战中比较实用的一种方法。

然而，在遇到较强的对手时，再使用这些招数就没有多大效果了。

第三节　麻将牌

1. 麻将牌具

　　一副（又称"一具""一盒""一桌"）麻将，主牌108张（又称"块""只""放"）有"饼"（又称"它""筒""丙""文钱"）、"条"（又称"索"）、"万"（又称"万贯"）3种，每种自1至9各4张。"风"（又称"四喜"）有东风、南风、西风、北风4种，每种各4张。"箭"（又称"三元"）有红中、发财、白板（又称"白皮""光板"）3种，每种各4张。北方麻将每副136张牌。南方麻将一般为144张牌，添加了春、夏、秋、冬与梅、兰、竹、菊8张花牌。也有一些地方的麻将，另再加上猫、老鼠、财神、元宝各1张牌与百搭4张牌，则一副牌为152张。另外，有骰子（又称"色子""猴子"）2枚（又称"颗""只""个"），筹码数十个，以及今风4个。解放前，一副牌中还有它王、索王、万王、喜玉、元王、陛王、听王、总王各1张。

2. 麻将牌的定庄

　　每盘首先起牌的门称为定庄（又称"庄家"），确定庄门即为定庄。定庄可分摸风和掷骰子两种：摸风定庄，就是仍用摸风定门的方法定庄门，摸到东风者即为庄门。一般是从东门开始按逆时针方向各门依次掷骰子，谁先掷到 5、9 点谁为定门。但有些地方不用摸风或掷骰子的方法定庄，而是直接指定东门为庄门。

3. 麻将的坐庄

庄门连续成牌，称为"坐庄"。有的门久不成牌，则称为"闭门"。荒牌和诈成时，庄门不变。

4. 麻将的定局

打牌时，令风从庄门按逆时针方向走完每一门为 1 圈，走完 4 圈为定局。有的地方定局是在定门后规定好四门中有一门先达到一定番数即算一局，定局后，根据各门的筹码多少，决定出胜负名次，若再打必需重新定门。

5. 打麻将的一般道理

打麻将都希望本门成牌，这是入座打牌者的共有心理。打牌者要争取成牌或成大牌，首先要具有良好的精神状态。如比赛中，技术水平一般的参赛者，因无精神压力，常得高番；精神压力较大，技术水平较高者，却因赛场失态而失利的结果是很能说明问题的。另打牌应从全局和局部考虑出牌,各门应先从整体方面进行观察、分析、推断、平衡牌的好坏、确定组牌形式，对需要什么牌、出什么牌，都要考虑到，更要灵活应变。要知道一副麻将有 *34* 种牌面，共 *136* 张，而每门所起的 *14* 张或 *13* 张牌，必须会在 *34* 种牌面内出现，哪种牌面的牌起了多少或摸牌的变化，是偶然的。但一门牌中必须按照规定的形式加以组合，这是必然的。总之，打麻将在起牌、摸牌、牌面变化及技术等方面都存在偶然性和必然性。至于俗话说："打麻将，七分运气，三分技巧"等一些唯心的解释，其实皆属巧合。

6. 打麻将的一般战术

打麻将时庄门成牌番数可以加倍，因此出牌时应谨慎、认真地观察、权衡，然后正确地推断，争取早成牌。有高番牌形，但又难成时，应当机立断，放弃成大牌，而力促早成牌。当然四人要相互配合，如某门连续成牌（有些地方连续坐庄不限，这时，其他各门可通过扣成牌者所需要的牌，既可使庄门不能提早成牌；又能促进他门早成牌，这样一来可打乱连成牌者的牌兴；如遇到本盘已接近尾声，有可能荒牌时，从桌面牌的形势估计到某门要成大牌，自己又无希望成牌时，应打熟牌，不出冲，迫使本盘荒牌，如有暗杠者不应及早杠，这是争取成为"四活一"，这样可成为 *2* 铺牌，要是本门难以组成"四活一"可改在听牌前再开杠，这样可使需要这杠牌者措手不及，虽临时改牌型，却无成牌希望了。打牌者尽量不暴露自己组牌、打牌的特点，以免他门掌握，应要正确判断，灵活应变，力求听牌所听的张数多（听牌最多时可达 *9* 张，如 *3* 个一万、二至八万各一张，*3* 个九万）。初学者打麻将时应只求推倒成即可。规定番数时，也应求成牌次数，在数量的基础上求质量，做高番牌要稳打。

7. 打麻将的规范牌风

　　打麻将洗牌后，每门自理 17 墩牌，不能多也不能少。成牌计番结束，三门应主动付筹给成牌门。进入牌场人员应禁止吸烟，旁观者不得叽叽喳喳，大声喧闹。打牌者应做到出牌果断，胜牌不骄，负牌不馁。要说话和气，遇事商量，不摔牌、砸牌，不大声喧哗、盛气凌人。要保持牌场轻松愉快的气氛。打牌的时间不宜过久，以 4 圈为宜。

第四节　多米诺骨牌

1. 多米诺骨牌概述

多米诺骨牌是一种新颖的游戏牌，它能帮助人们思索和计算，是老少皆宜的娱乐工具。多米诺骨牌的娱乐方法一般分为两大类，一类是以智力为主的方法，一类是以技巧为主的方法。

2. 多米诺骨牌的牌具

多米诺骨牌每副有 28 个牌，每个牌分上下两格，或有白点，或无白点。点子自一点到六点，以第一只双无点牌至最后一只双白六白点，每只牌不同样。全副牌上的点数为 168 点。

3. 多米诺骨牌接龙游戏法

将牌面朝下洗和，参加者各取一个比点子多少，最多者为"头家"，由其先出牌（以后按顺时针方向轮流当头家人），然后各人取若干牌（可视玩者多少定取牌数），并留下一定数量的牌供添补。头家先任意出一个牌，接着出牌者可跟所出牌的两头相同点的牌，倘手中没有可接的牌。可以从"河"（剩余的牌堆）里摸牌添补，直到能接上为止。如果一次添补到"河"里只剩下两只牌时，仍然接不上，则不许再补，须喊"派司"（PASS）停出牌一次，由下家继续出牌。另外，手中有牌可接而不接也是允许的，但须补牌，随意补多少。当"河里"的牌全都补完后，手中有牌可接就必须出牌接上，否则要喊"派司"停出一次牌。同玩者中有一家完全接光或各家都无牌可接时，比赛告一段落，空手者或者剩下点数最少者为优胜，其余人得将牌"进贡"给胜者，汇总牌点，凡落得 100 点以上者为胜一局。

4. 多米诺骨牌排列游戏法

排列游戏法就是将骨牌按照一定的图形一个一个地排列起来，骨牌与骨牌之间的距离要适当，当推动第一枚骨牌时，便可以带动第二枚、第三枚、第四枚……，直至最后一枚。排列游戏法关键要使牌与牌之间的距离要恰当，远一点近一点都不行。恰当的距离要视牌的大小、厚薄、轻重而定，通过多次练习方可找到牌与牌之间的恰当距离。排列游戏法需要许多骨牌。在国外，有时一次游戏要用几万枚骨牌，其场面和技术，是可想而知的。排列游戏法应当从最基本的图形练习起，从简到繁，由少到多，从而达到一种高超的境界。下面简单列举几种基本图形，以供游戏者练习。

（1）直线形；

（2）环线形；

（3）放射形；

（4）菱形。

以上四种图形，经过变形或组合能够排列出许多图形。游戏者可以根据自己的技巧，排列各式各样的图形，其中的趣味是盎然无尽的。

第五节　打马

1. 打马概述

打马是盛行于宋元两代的一种博戏，尤其在北宋、南宋更加流行。南宋陆游词云："冷落秋千伴侣，阑珊打马心情。"元代散曲中经常提到这项游戏，元代无名氏作《逞风流王焕百花亭》杂剧第一折说王焕能多种伎艺，会各种游戏，云："此生世上聪明，今时独步，围棋递相，打马投壶……九流三教事都通。"此外，在元代杨朝英编《太平乐府》、明代无名氏辑《盛世新声》等散曲集多次提到打马。

大明以后，打马仍流行于南方，奇怪的是它的足迹没有能够北上以扩大影响。到了明代中叶，南方有"走马"游戏，据说与打马有关，其制度、玩法已不同于宋代的打马了。约在清代雍正年间，安徽贵池人陆骧武在福建重刻李清照《打马图》，用犀象密蜡制马，周亮工《书影》卷五记此事，并说："近淮上人颇好此戏，但未传之北地耳。"乾隆朝以后，打马游戏的文字记载再没有见到，即便在南方也很少有人能玩了。

2. 打马的图谱

玩打马游戏所用的图谱，很像是一张棋枰。

3. 打马的牌谱

游戏时用三枚骰子，先掷骰子后行马。三枚骰子可得五十六采，分赏鱼、罚色、杂色三种。

4. 打马玩法概述

其玩法分铺盆、本采、下马、行马、打马、倒行、入夹、落堑、倒盆、赏帖、赏掷共 11 项。

5. 打马的铺盆

参加人数以 2 ～ 5 人为适当。备帖若干，各人均分，每人以部分帖入盆，是谓"铺盆"。帖犹如筹码。

6. 打马的本采

以第一次掷骰子为准，各人所掷的点数，被认作"本采"。本采必须是"杂色"43 采中的，若掷得"赏色"或"罚色"则不能认作本采。本采在玩时将起作用。本采有真、傍之别。比如"皂鹤"是二个五点，一个三点，计 13 点，叫"真本采"，而"大枪"为双六，一么，也是 13 点，虽然点数相同，但色样互异，所以只能叫"傍本采"。

7.打马的下马

每人20匹马，马用犀角或象牙刻成，或用铜铸成，大如铜钱，上面雕刻马形，并刻字以示区别。

行马、打马之前，须先下马。根据所掷出的采决定下马的匹数及赏罚帖数。其谱如下：

（1）掷得"堂印"（四浑花，即三个四点。下同），下八匹马，外赏八帖；假若掷者本采为12点，此又掷得三个四点，那么再下两匹马，共十匹马。所赏之帖由盆中公帖出（下同）。

（2）掷得"碧油"（六浑花）下六匹马，赏六帖。得本采时多下两匹马。

（3）掷"桃花重五"（五浑花）下五匹马，赏五帖。若本采是15点，可再下两匹马。

（4）掷"雁儿行"（三浑花）下四匹，赏四帖。若掷者本采为九点，则再下两匹马。

（5）掷"拍板儿"（二浑花）下四匹，赏四帖，若掷者本采是六点，则再下两匹马。

（6）掷得"满盆星"（么浑花）下四匹，赏四帖。

（7）掷"真本采"，下三匹，赏三帖。

（8）掷"傍本采"，下两匹，赏两帖。

（9）掷"承人真撞"（下家掷得的采与上所掷采相同叫"真撞"），下三匹，赏三贴。

（10）自掷赏鱼，即掷得"靴植""银十""马军""黑十七""傍本采"者，下两匹，赏两书。

（11）别人掷骰时，撞到自家"真本采"，则自家下三匹，赏三帖。

（12）别人掷骰时，掷得自家"傍本采"叫"傍撞"，各下两匹，各赏两帖。

（13）上家掷得"罚采"（"小浮图""小娘子"），则上家、自家各下两匹，赏两帖。

（14）掷得"杂色"采者，下一匹马，无赏帖。

8. 打马的行马

仍用三枚骰子，按三枚骰子点数之和行马。所得点数也就是所行马的匹数与步数之和，比如掷得八点，可六匹马行两步，亦可三匹马行五步。游戏者需审时度势，才能立于不败之地。

行马起始点为"赤岸驿"，下行至"陇西监"，转而向左至"玉门关"，经"渭阳监""沙苑监""函谷关""太仆寺""天驷监""骐骥院""飞龙院"，最后达"尚承局"。"赤岸驿""陇西监"等都叫"窝儿"。马入窝儿则敌马不许打。入窝儿者赏，即再掷一次骰子。

窝儿中已有他人之马，后来者不管马数多少，都不许行。

两窝儿中间一律设九步，"九"为极数，遇"九"则立一窝儿。

"函谷关"是一大坎，至此，必须凑成十马方许过关。十马过关后，余马不拘多寡，皆可随后过关。

至函谷关时，少马不许超过多马，如前后都有他人多马。则自己不准行马，等多马移动后并已过关，自己方可依点行马。

"飞龙院"也是一大坎，至此，必须凑足20马，而且掷"散采"不许行，必须在掷得下列各采时方可过：自掷"真本采""堂印""碧油""雁行儿""拍板儿""满盆星"诸赏采；他人掷骰子时，掷到自家"真本采"，则自家许行，或者上家掷到"小浮图""小娘子"罚采时，自家也可行。

9. 打马的打马

有马在某处，后马正好走到此处，假如前马数多于后马或二者马数相等，则后马皆可打去前马。

20马算作"全垛马"，凡打去人全垛马者，则取盆中帖数的一半。被打出局者如果想再下，则需重新下马、行马。

10. 打马的倒行

凡遇到打马，遇人窝等情况，均可倒行，倒行步数也按所掷点数，如掷得幺、二、三，合为六点，可前行四步倒行二步，亦已倒行；六步等。

11. 打马的入夹

飞龙院下五路叫作"夹"，掷得散采者均不可过夹，必须掷得夹采方许行马。所谓夹采即"幺六幺""六幺六"，之类，需依被夹骰子的点数行马，如"六幺六"行一步，"幺六幺"则行六步。"浑花"也算夹采，如掷"碧油"（点为六、六、六）行六步，掷"满盆星"（点数为幺、幺、幺）行一步等。

12.打马的落堑

五夹之后一路叫"堑"，至堑不论前马、后马，马数多寡，均不许打，都一同落堑，叫"同处患难"。

落堑后，只能在下列情况下才能飞出，自出得"堂印""碧油"等浑花赏采以及"真本采""傍本采"；别人掷自家"真本采""傍本采"；上家掷"小浮图""小娘子"罚采；下家掷"真担""傍撞"。

飞堑需按开始下马时每次下的数量，依次飞出，不许任意胡乱飞。每飞一匹赏一帖。全部飞出方可"倒盆"。

13.打马的倒盆

"倒盆"，即从盆中取帖。倒盆有如下几项。

凡十马先到函谷关，倒半盆，即取盆中全部帖的一半。在局之人需再添，凑足原数。（以后凡是这种情况增需在局人添足原数。）

打去别人全马者倒半盆。

全马（二十四）先到尚乘局叫"细满"，倒两盆。

落堑马飞尽倒一盆。

14.打马的犯事入供

席中有无理喧哗者，罚十帖入盆。

凡打马，打得一匹马赏一帖，由被打者供给。

15. 打马的赏掷

　　"赏掷"，就是赏再掷之权。凡自掷诸"浑花"、诸"赏采"、"真本采"、"傍本采"、打得敌马、叠成 *10* 马或 *20* 马、飞得马等，皆再掷一次。此外，别人掷自家"真本采"、"傍本采"、上家掷罚采，也赏自家一掷。

第六节　诗牌

1. 诗牌概述

唐朝人喜爱吟诗，将诗书写在木板上，称为"讨板"，宋人称之为"讨牌"。后来，人们把从前题诗的木牌进行改制，于牌上书以诗的，当良朋聚会之时，出此牌，每人抽一牌，按牌中所写的字为韵作诗，是为游戏"诗牌"。

2. 诗牌的牌具

牌共六百扇，"扇"犹如纸牌的"张"。"扇"广六分，厚一分，以一面刻字，一面空白。其字声平展，以朱、墨别之。桩牌一扇，长准诗牌二，刻曰："诗伯"。意思是说六百扇诗牌中，有平声字三百，刻于三百扇牌上，涂以红色；另以仄声三百字刻三百扇牌上，涂以黑色。另有一"桩牌"，长度二倍于诗牌，上刻以"诗伯"二字。

3. 诗牌的玩法

四人游戏，一人为"诗伯"，诗伯执"桩牌"。诗伯从诗牌中抽取一牌，以牌上字的笔画依次数下去，数到某人，就从该人起依次抽牌。每人抽 150 牌。牌上的字，便是自己作诗牌的脚或题目。诗伯需将每人所得的字以笔纸记下。

每人抽得牌后，通盘考虑一下字意，假若牌中多山、峰、洞、石、涧、壑、之类，则立山景为题，若牌中多江、萍、湖、草、烟、浦、渔、矶之类，则立水村钓题，等等。

七言、六言、五言、四言，均无不可；诗分上、中、下三品；凡诗能贴题贯理，联句切当，一气呵成者为上品；语句清新，首尾贯通者为中品；题、体不失，平仄和畅，但意味平平者为下品。至于事实杂乱，首尾断续者则不入品，名之为"荒牌"。

最后按"品"定输赢；赏罚以酒，负者依事先讲好之法饮酒。

以上所述，为诗牌之大略，此外尚有若干细则，不必再录。

至此，我们可以清楚地看到，诗牌是典型的文人游戏，其游戏用具为牌，这种诗牌，是宣和牌、麻将等博戏的始祖。因此，尽管诗牌涉觞政，并涉文字游戏，仍将其归入博戏类。

第七节 打天九

1. 打天九概述

打天九又叫"斗天九"，至少在明代隆、万年间已经出现了这种玩法。明代潘之恒《续叶子港》有"斗天九品"。尔后，清人金杏园《宣和谱牙牌汇集》、徐珂《清稗类钞》等书也介绍过打天九。

2. 打天九牌具

打天九用牙牌 32 扇，此 32 扇牌又分为文牌、武牌两大类。

文牌包括"大牌""长牌""短牌"三类。

大牌

天牌：六六、六六两扇。

地牌：幺幺、幺幺两扇。

人牌：四四、四四两扇。

和牌：幺三、幺三两扇。

长牌

十二巫山：三三、三三两扇，又叫"三"。

叠胜环：五、五两扇，又叫"长五"。

八珠环：二二、二二两扇，又叫"长二"。

短牌

双蝶戏梅：幺五、幺五两扇。

天圆地方：幺六、幺六两扇。

锦屏风：四六、四六两扇，又叫"金瓶"。

楚汉相争：五六、五六两扇，又叫"虎头"。

武牌则包括"九""八点""七点""五点""二锥""六套"。

九点："四五""三六"两扇。

八点："二六""三五"两扇。

七点："三四""二五"两扇。

五点："二三""幺四"两扇。

三锥："幺二"一扇

六套："二四"一扇。

3. 打天九玩法

游戏时先要分牌。三人斗天九，从短牌中除去一副，或"虎头"或"金瓶"皆无不可。剩 *30* 牌，每人十扇。若四个人打，则将 *32* 牌均分，每人八扇。先取骰子，依所掷点数依次抹牌、打牌。

打天九时有"打"有"贴"。打为以大打小，不能打时则贴。

所谓大打小，只能限制在同类用，文牌和武牌互不相统，因此不可互打，只能文牌打文牌，武牌打武牌。文牌中，天、地、人、和，以次相打，又总打以下长牌和短牌；长牌可以打短牌，而短牌却再无可打，只能在内部以点多打点少。

武牌也一样，依点数多少，从大到小，依次打。"幺二""二四"两扇合为"至尊"，至尊犹如皇上。至尊不打别的牌，别的牌也不打至尊。

亦可一文一武合为一副，如文牌"天牌"合武牌"九点"是曲"天九"；文牌"地牌"合武牌"八点"是为"地八"；文牌"人牌"合武牌"七点"是为"人七"，文牌"和牌"合武牌"五点"是为"和五"。可以两扇成一副，亦可三扇、四扇成一副。这种副，同样遵循上述文牌打文牌、武牌打武牌之法。

如"天牌"两扇合"九点"一扇，遇"地牌"一扇合"八点"两扇就不许打，这是因为文、武牌扇不对。余可类推。

重要的是最末一轮出牌，叫"结"，能结即胜，主要不在于得牌多少。例如四人斗牌，每人八扇牌，得四扇为本，得五扇赢一注；不得牌者输四注，得一扇者输三注，得二扇者输两注，得三扇者输一注。若能以一扇牌作"结"，则赢五注。得"至尊"（"幺二""二四"两扇）者不论胜负，均在正常得注基础上在局者每人赏给他两注。假如是某人以"至尊"作结，则除去正常所得注之外，每人赏四注于该人。

第八节　宣和牌

1. 宣和牌概述

宣和牌有用象牙制成的，因有"牙牌"之称。后世用牛骨制，所以又叫"骨牌"。此外，也有铜的、乌木的、竹子的等多种。名称仍用"牙牌""骨牌"。

宣和牌从北宋末年起，经元、明迄清末民初，一直盛行于民间，深受人们的喜欢，玩法逐渐丰富，在清代中叶前后，与骰子、叶子戏相结合，演变为麻将。麻将出现之后，骨牌的流行不如从前那样广泛，但是仍没有亡灭，直到今天，大江南北不仍然在推牌九吗？牌九就是宣和牌的一种玩法。

2. 宣和牌牌具

宣和牌共有 32 扇牌，每扇牌都由骰子的两个面拼成。骰子各点的颜色不同，幺为白色（或红色）、四点为红色、其余各点（二、三、五、六）均为黑色。六种点数各有象征。

幺象征地、星、日、月、珠、春水、儿孙等；

二象征蝶翅、星斗、眼、孩儿等；

三象征人、锦、霞、火、花、彩凤、红色等；

五象征梅花、虎、莲蓬、菱角、云等；

六象征天、龙、老翁、绿色、雪花等。

　　把两扇或三扇牌合成一副牌时，得到的是一副又一副不同的小图，再根据上述一点至六点的种种象征，选唐人诗句与这些小图相配，以诗解图，以图表诗，颇为有趣。从这一点上，我们尚可看到古诗牌的一点点遗痕。为了说明问题，不妨试举几例。

　　就拿"人牌"来说，四点为红色，同时又象征红色，每牌八点，共两扇牌，用李白"红妆二八年"诗与之相配，再吻合不过。其余各牌与此类似，不赘。牌中的诗句在游戏时没什么实际意义，斗牌的关键是配点数以示胜负。

　　由庄家分牌。若四人共戏，则每人八扇牌三人为戏则去掉八扇"杂牌"，杂牌为：么四、二三、二五、三四、三六、四五、二六、三五。余24扇，每人也分八扇。以四人玩牌为正局。

　　各人抹牌完毕，末家率先打牌，末家手中牌若已成副，则可亮牌，不能成副，则打出一扇自己认为无用的牌。下家可以吃进此牌，同时打出一扇牌。这样依次打下去，谁成副谁亮牌。亮牌后，大家比注，"注"犹今日所谓"分"，注多者胜。

第九节　除红谱

1. 除红谱概述

除红谱俗称"猪窝""猪婆龙"。元末明初人杨维桢曾指出："古之君子凡有所撰造必系以姓氏，使后世知所起也，晋阮咸氏尝作月琴，世遂谓之阮咸。猪窝者，朱河所撰也，后世讹其音，不务察其本，始谓之猪窝者，非也。"可见，"除红"才是正名，然而约定俗成，大家习以"猪窝"呼之，也是没办法的事，只得随他的便。

朱河是宋代人，字天明，原籍河南。宋室南迁，举家徙南京。朱河曾仕至天官冢宰。《除红谱》是他唯一的传世作品。元末人陶宗仪曾收该书于《说郛》，清代光绪丙午（1906 年）湖南叶德辉重刻单行本，以广泛流传。

2. 除红谱的玩法

先用一个骰子比点数，按各人所得点数排出名次。以得四红者为第一，以下按点数多少排列。

按着名次，用四个骰子掷。每次掷出的四面 E 可组成一个小图，这些小图可分为"赏色""罚色""赛色"三类。以红四为主，不参加计点数，而以其余的幺、二、三、五、六这五色计算。所得点数之和在 8 点以下皆为"罚色"，13 点以上者为"赏色"，中间九点到 12 点除去"柳叶儿""十二时"两谱之外，皆为"赛色"。

凡掷出双红四的，除去"红叶儿""节节高"之外，都叫"强红"，无效。反之，如果没有红四，除去"浑花""素叶"之外，都叫"散色"，也无效。

掷得"赏色"者，有权继续掷。

掷得"赛色"者，则下家与其比赛。"赛色"就是比点数。

掷得"强红""散色"者停掷，轮到下家掷。

赛色时，需记住上家点数。下家若掷得"强江""散色"则无效，仍需再掷，直到掷得"赏色""罚色"才行。

赛色时，比上家少一点的叫"踏脚"，罚二帖。赛出"罚色"在三帖以下的（包括三帖），除本帖之外加罚一帖，如"白七儿"为罚色，按谱当罚一帖，此时则加罚一帖，共罚两帖。赛出"罚色"在四帖以上时，依谱按本帖罚，不再加罚。

赛色时，点数与上家相同，叫"赶上"，赏下家一帖。如上家本为九点，此时又自掷得"柳叶儿"（四、三、三、三、四点除去不计，亦为九点），则罚上家四帖。

赛色时，下家多一点，叫"压倒"，赏二帖。赛出"赏色"在三帖以下的，在本帖上加罚一帖。赏色在四帖以上者，按本帖罚，不再加罚。

赛色时多二点、三点者，只赏一帖；少二点、三点者，只罚一帖。

掷骰时，若有应掷未掷者，罚下家三帖，以惩其监督不严；有不应掷而掷者，罚上家五帖，以惩其有意逃避。

以上所说的"帖"，犹如"注"一样，是博戏时胜负的标记。游戏开始时，每人出若干帖，作为"公帖"，凡掷"赏帖"的，所赏之帖均由"公帖"出。凡"赛色"时的罚帖，则由赛输的一方出帖给赢方。